世界公民叢書

未來的・全人類觀點

永遠的美德書
全民閱讀
人格修練的聖經 文明素養的經典 暢銷全球近150年
品格的力量
精華版
西方成功學之父
Samuel Smiles
Character
一個國家的前途，在於公民所受的教育、
公民的遠見卓識和品格的高下。——馬丁・路德

立緒文化編輯部◎編選　劉曙光、宋景堂、劉志明◎譯

品格的力量（精華版）

【目錄】本書總頁數共192頁

1

品格是個人和民族力量的泉源

Influence of Character

品格是世界上最強大的動力之一

品格是世界上最強大的動力之一。高尚的品格，是人性最高形式的體現，它能展現出人的價值。

天才總是受人崇拜，但品格更能贏得人們的尊重。前者是超群智力的碩果，而後者是高尚靈魂的結晶。但是，從長遠來看，靈魂主宰著人的生活。天才人物憑藉自己的智力贏得社會地位，而具有高尚品格的人靠自己的良知獲得聲譽。前者受人崇拜，而後者被人視為楷模，加以仿效。

偉人往往是一些特殊人物，但偉大本身只是比較而言的。事實

在日常生活或商務活動中，我們判斷一個人，常常是根據他的品格而不是根據他的知識，更多的是根據他的心地而不是根據他的智力與天才。

上，大多數人的生活圈子非常狹小，他們很少有機會出人頭地，成為偉人。但是，每一個人都可以正直誠實、光明磊落地做好自己本份的工作，發揮自己的能力，盡力體現人生的價值。哪怕是在平凡的崗位上，也可以做到真誠、公正、正直和忠厚。

人高尚情操中恆久的責任感，也必須體現在他的日常生活和日常事務之中。一切美德的最大魅力就在於它滿足日常生活的要求。這樣，美德才崇高、永恆和持久。超出一般人水平的、哪怕是最高尚的美德，也不過是充滿誘惑力和危險的東西。以英雄的品德為基礎的人類制度，必定會有一個脆弱的或墮落的上層結構。

英國坎特伯雷大主教亞波特（Abbot），在總結他死去的朋友托馬斯．沙克維爾（Thomas Sackville，英國政治家、詩人、劇作家）的品格時，沒有強調他作為一個政治家的優點，也沒有強調他作為一位詩人的天才，而是著力渲染他在日常生活中所表現出來的盡心盡責。他說，「有誰像他這樣深愛自己的妻子？有誰像他這樣慈愛自己的子女？有誰像他這樣對朋友忠實？有誰像他對自己的仇敵如此溫和？有誰像他對自己的承諾如此守信？」實際上，我們可以透過一個人對他最親近人的行為方式，透過他在平凡的生活中平凡的細節和責任心，來更深入地了解和欣賞他真正的品格，這種認識比透過他成為一位作家、雄辯家或政治家向公眾所展現出來的要深刻得多。對大多數人來說，當他成為一個普通人，在自己平凡的生活中盡心盡責的時候，最高尚的品格也就在這種持久的盡心盡責中表現出來了。在這個世界上，許多人儘管一無所有，但是，他們在品格的榮耀與加冕的國王相比，可以說毫不遜色。

知識、學問應該和善行結合。有時，我們發現知識、才能和最卑鄙的品行結合在一起——對地位高者趨炎附勢、卑躬屈膝，對地位低者傲慢無禮、橫行霸道。這樣的人或許會在文學、藝術和科學領域中成就非凡，然而，在誠實、正直、忠誠和責任感方面，他們卻遠遠不如許多窮困潦倒、目不識丁的農民。

意志堅強的人和洶湧的瀑布都會為自己開闢道路

世界上才華洋溢的人並不罕見，甚至連天才也為數不少。但是，才華出眾的人就值得相信嗎？天才就值得信賴嗎？只有忠誠或誠實的人才值得信賴。這種品質比其他品質更能贏得尊重和尊敬，更能取信於人。忠誠是一切人性優點的基礎，它本身要透過行動體現出來。它就是正直——誠實的行為，透過一言一行展現出來。它意味著值得信賴，能讓人確信它是可靠的。當人們認為一個人是可靠的時候，他就是一個忠誠的人。也就是說，當一個人說他知道某件事時，他確實知道這件事；當他說他將去做某件事時，他的確能做而且完成了。因此，值得信賴是贏得人類普遍尊重和信任的通行證。

在日常生活或商務活動中，我們判斷一個人，常常是根據他的品格而不是根據他的知識，更多的是根據他的心地而不是根據他的智力，還有根據他的自制力、耐心和紀律而不是根據他的天才。

品格是在各式各樣的環境中，在個人或多或少的調節和控制下形成的。一個人如果沒有追求正義或邪惡的原則，日子一天也無法過下去。

一個動作，不管它多麼微不足道，也是訓練出來的結果；這就如同一根頭髮，不管多麼細小，它都會留下投影。

每一次行動、每一種思想和每一種感情，都可以歸因於你所受的教養、你的習慣和你的理解力，而且，它們必然會對你將來生活的所有行動產生影響。因此，個性處於不斷的變化之中，一方面，它可以改進變得更好；另一方面，它也可能墮落而變得更壞。**「除**

了我自己，沒有誰能夠傷害我，」法國一位修道院長，聖．伯納德（St. Bernard）說，**「我所受到的傷害是自己造成的；這是我的過錯，我從來就不是一個真正的受害者。」**

然而，不經過一番努力，最好的那種品格是不會自發形成的。它需要經過不斷的自我審視、自我約束、自我節制的訓練。

品格要透過在原則、正直和實際才智引導和鼓勵下的行動，來展現自己。它經過慎重考慮來選擇自己的方式，然後堅定不移地去實現自己的目標，它對職責的尊重高於對聲譽的考慮，對良心的遵從高於對世俗榮譽的追求。在尊重別人人格的同時，保持自己的個性和獨立。雖然在道義上的誠實可能不是時尚，但它卻有勇氣這樣做，把這些交給時間和經驗去檢驗。

意志力——自我創新的力量——是任何一種偉大品格的靈魂。哪裡有它，哪裡就有生命力；哪裡沒有它，哪裡就只有怯懦、無助和沮喪。

正如一句諺語所說的那樣，**「意志堅強的人和洶湧的瀑布都會為自己開闢道路。」**具有崇高精神而且精力充沛的人，不僅會為自己開闢道路，而且會引導別人。他的每一行動都有著深遠影響，表現了生機、獨立和自信，而且，在無意中贏得了尊重、崇拜和威望。具有這種正直品格的典型人物有宗教改革家馬丁·路德、英國傑出的政治改革者克倫威爾、美國開國之父華盛頓和英國傑出的軍人與政治家威靈頓（**Wellington**），他們都是人類傑出的領袖。

一個偉人的生涯，就是一座人類力量的不朽紀念碑

每一個積極努力的舉動都會作為一個榜樣，在人群中產生一定的感染力。勇敢的人對於怯懦者是一種鼓勵，而且，會使怯懦者採取行動。

善良的人和偉大的人總會令人追隨。在他們影響所及範圍內的每一個人，都會受到鼓舞和振奮。他們就像許多慈善活動的中心。如果讓一個精力充沛而且品格正直的人處於令人信賴的權威位置，那麼，在他轄下的每一個人都會感覺到權力增大。在英國海軍名將尼爾遜（Nelson）手下服役的每一個海員，都會被這樣一位英雄所鼓舞。

當華盛頓（後來成為美國第一任總統）答應擔任總司令時，人們彷彿一下子感到美國軍隊的力量猛增一倍。許多年以後（一七九八年），當華盛頓年歲已大，離開公職生活，退居佛農山莊的時候，正逢法國可能向美國宣戰，當時的美國總統亞當斯（Adams）寫信給華盛頓，說：「如果惠蒙您同意的話，我們一定要使用您的名義；因為您威名的力量，將遠遠超過無數的軍隊。」這位偉大總統的高貴品格和卓越能力，在他的國民中竟然有如此崇高的威望。

在某些場合，個人的品格像一種神奇的魔力一樣產生影響，彷彿這些人就是引發超自然力量的機關。羅馬帝國的執政龐培（Pompey）說：「只要我一踏上義大利的土地，就會有一支軍隊出來。」在奧特本（中世紀晚期，奧特本戰役 Battle of Otterburn，位於南蘇格蘭與北英格蘭邊境）戰場上，當蘇格蘭民族英雄道格拉斯受了致命之傷時，他命令士兵們比平時更大聲地呼喊自己的名字，他說，在他的家族中，有這樣一個傳統，每一位臨死的道格拉斯家族的人，都會打贏一場戰爭。

士兵們在這叫喊聲中受到鼓舞，增添了新的勇氣和力量，最終贏得勝利。因此，在蘇格蘭詩中有這樣一句話：

道格拉斯死了，

但是，他的英名贏得了一場戰鬥。

有些人在他們死亡之後，卻最大限度地征服了別人。

一個偉人的生涯，就是一座人類力量的不朽紀念碑。

偉人雖然已經逝去，但是他的思想和行為依然長存，在人類歷史上留下了不可磨滅的烙印。因此，他的精神將會永遠延續下去，作為思想和意志的楷模，在他子孫品格的形成中發揮作用。那些品格最為高尚的人，是人類進步真正的燈塔。他們就像高山之巔的燈光，在自己的周圍營造一種良好的道德氛圍；他們精神的光芒，也繼續照耀著一代代後來者的心靈。

真正偉大的人受到人們的崇敬和愛戴是理所當然的。他們不僅提升了所有的同代人，也提升了後來者。他們這種巨大的榜樣是人類共同的寶貴財富。他們光輝的功績和睿智的思想，是整個人類最燦爛的遺產。他們是後人和先人們聯繫的紐帶，而且提升了未來子孫的生活目標；提高了人們生活原則的水平，保持了人類品格的尊嚴；這些在生活中最有價值和最高尚的傳統與品性，充實了人們的心靈。

體現在思想和行動之中的品格是永垂不朽的。**一個偉大思想家個人的思想會數百年紮根於人們的心靈**，並最終在人們的日常生活和實踐中發生作用。它會跨越時間的長河，彷彿是一個來自逝者的聲音，影響相隔數千年人們的心靈。因此，猶太歷史中的摩西、大衛、所羅門（Solomon）、希臘的柏拉圖、蘇格拉底、色諾芬（Xenophon，雅典軍事家、文史學家，早年師從蘇格拉底）、塞內加（Seneca）和羅馬共和時代的思想家西塞羅（Cicero），仍然在他們的墳墓中和我們對話。他們的思想依然代代相承，強而有力地影響著後人的品格。對一個國家來說，一個像蘇格拉底這樣的人，他的價值比無數個像美國南卡羅萊納這樣的州還要大。如果這個州今天從世界中消失，它給世界帶來的影響，遠不如蘇格拉底給世界帶來的影響。

偉人的名字和回憶是一個民族的產業

偉大的勞動者和偉大的思想家是歷史的真正創造者，這些人包括傑出的領導者、國王、牧師、哲學家、政治家和愛國者，他們是真正高貴的人。英國歷史學家卡萊爾（Carlyle）明確地指出，**人類的歷史歸根結柢不過是偉人的歷史**。這些偉人確實標記和開創了一般國民的生活。他們的影響是積極主動的，當然也是有反作用的。儘管在一定意義上，他們的精神是那個時代的產物，但是，在很大的程度上，公眾的精神卻是他們的產物。他們的個人行為等同於社會的目標——社會制度。他們創造了光輝的思想，並使之廣泛傳播，使精神化為行動。因此，早期的改革者如馬丁・路德倡導了宗教改革運動，也影響了現代的思想解放。

華盛頓在他身後留給國家最寶貴的財富是，一個毫無瑕疵的生活楷模——偉大、誠實、純潔和高尚的品格——是所有後人在形成自己品格時仿效的榜樣，在華盛頓的事例中，和其他偉大領袖一樣，他的偉大不僅僅在他的智力、技巧和天才，而且是在於他的榮譽、正直、忠誠和崇高的責任感——概而言之，在於他真正的高貴品格。

這樣的人是他們所屬那個國家真正力量的泉源。他們透過自己的榜樣作用和所遺贈的品格，支撐和鼓舞了自己的國家，強化和鞏固了自己的國家，使它更為高貴，使它閃爍出絢麗的光輝。**關於偉人的名字和回憶是一個民族的產業**，這些死去的英雄就會在人們的記憶中復活，以一種莊嚴的旁觀者和贊許者的面貌出現在活著的人們面前。任何一個國家，只要她感覺到有這些光輝的形象在鼓舞自己，她就不會迷失自我。這些偉人是人類的精英，他們雖死猶存。他們曾經做過的事情，後代子孫也會景行從之。他們是國民的楷模，經常激勵和鼓舞那些有心效法的人。

一個國家是否偉大並不取決於她疆域的大小，而是取決於她人民的品格

每一個民族和每一個個人一樣，要維護自己的品格。在一個制度化的政府統治下——每一個階級都或多或少地行使自己的政治權力——民族的品格必然依賴多數人的道德品質。

決定個人品格的道德品質也決定著民族的品格。如果一個民族的性格不是心胸寬闊、忠貞、誠實、善良和勇敢，她就會被其他民族輕視，在世界民族之林中無足輕重。她們同樣必須具備尊重別人、遵紀守法、自我節制和忠於職守的品格。如果一個民族沒有比

感官快樂、金錢和物欲更高尚的品行，那麼她就只是一個可憐的生物群落。哪怕是恢復對荷馬書中的神靈崇拜，也比追求感官、金錢和物欲要好得多，因為異教徒的神靈至少也會反映人性的美德，以及值得尊敬的東西。

至於制度，不管它本身多麼完美，在維持一個民族品格水準中的作用仍然是微乎其微的。決定一個民族的道德和使一個民族保持穩定的是個人和激勵他們的精神。從長遠來看，政府通常不會比人民的自治更好。如果人民具有良好的心地、道德和習慣，這個民族的治理就會是誠實和高尚的。如果人民道德敗壞、自私自利、心地虛偽，那麼，無賴和幕後操縱者的統治就不可避免。

防止對公眾的意見——不管是多數公眾還是少數公眾——實行專制獨裁唯一真正有效的屏障，是個人自由的進步和個人品格的純潔。沒有這個屏障，就不會有生機勃勃的精神風貌，也不會有真正的自由。**政治權利，不管它多麼廣泛，也不會使一個個體墮落的民族變得高尚。**

事實上，公眾參政制度實施得越徹底，參政權越得到保障，那麼，就像一面鏡子一樣，一個民族的真正品格也就會在她們的法律和政府中反映得越徹底。以個體不道德為基礎的政治道德，從來就不會有任何穩定的存在形式。一個品質惡劣的民族所享受的自由，也會被當作是一個令人厭惡的東西。新聞的自由，不過是找到了一個放肆和道德墮落的發洩之處。

和個人一樣，民族也要從她所屬優秀的種族感情中獲得支持和力量。一個民族必須使自己的榮耀永遠保持下去。一個民族應該有值得回顧的輝煌歷史。她會使人民的生活獲得穩定，提升和支持，透過對過去先人的光輝功績、所經歷艱苦卓絕的磨練和所取得的輝煌成果的回憶，來照亮和昇華現在的生活。

民族的生活和個人的生活一樣，是一種極為可貴的經驗財富，這種經驗財富，如果得到巧妙的運用，就會促進社會的進步和發展；相反地，如果濫用或誤用，就會導致空想、迷惑和失敗。和個人一樣，民族也會在承受的磨練中得到淨化，變得堅強。使民族的品格得到發展的各種磨練，往往是民族發展史上最輝煌的篇章。對自由的追求和對祖國的熱愛或許會深深地影響民族的品格，但是，對民族品格影響最大的還是她所受到的考驗和磨難。

許多打著愛國主義旗幟的行為，包含極端的心胸狹隘、民族偏見、民族自負和民族仇恨，這樣的民族不是用自身的功績來展現自己，而是靠自吹自擂來炫耀自己——實際上是在絕望中哀鳴、打著手勢和驚叫——他們用飄揚的旗幟和高聲歌唱來炫耀自己——實際上，這是在極度痛苦的呻吟和在長期的錯誤之中受折磨。如果這樣的愛國主義者大量湧現，最大的災難就可能會降臨任何一個國家。

然而，正像存在著卑賤的愛國主義者一樣，也有高尚的愛國主義者存在——他們透過自己高尚的行為，使一個國家充滿活力並且得到提升——這些高尚的愛國主義者剛毅果斷、忠於職守、生活樸素、誠實、正直，總是力圖抓住機會使自己在各方面得到發展。一個真正的愛國主義者，會緬懷和學習過去的偉人，因為他們在追求目標和追求自由的過程中，透過自己的艱苦努力，為自己贏得了不朽的英名，為自己的民族贏得了自由的生活和自由的政治制度。

評量一個民族，不能根據她的疆域大小，只能根據她民眾的品格：民族的成長，是要使人民變得高尚，就像樹木一樣，不只是要長得粗，而且還要長得高。

雖然疆域遼闊往往和偉大有關，但是，一個民族的偉大，並不一定非疆域遼闊不可。從疆域和人口來看十分龐大的民族，也可能毫無真正的偉大可言。**以色列曾經是個小民族，但是，他們產生了多麼偉大的生活，對人類命運所產生的影響多麼巨大、多麼深遠！希臘並不是個大國。雅典也遠不如紐約出名，然而，希臘在藝術、文學、哲學和愛國主義方面的成就多麼輝煌！**

當法王路易十四問他的大臣，為什麼他可以主宰像法蘭西這樣龐大而又著名的國家，卻無力征服一個像荷蘭這樣的小國時，這位大臣回答說：「陛下，這是因為**一個國家是否偉大並不取決於她疆域的大小，而是取決於她人民的品格**。因為荷蘭人民勤勞、正直和充滿活力，所以陛下您覺得它如此難以征服。」

若有哪一個民族缺少了品格的支撐，我們就可以認定她是下一個要滅亡的民族。哪一個民族如果不再崇尚和奉行忠誠、誠實、正直和公正的美德，她就會失去生存的理由。一旦國家的人民如此熱中對財富的追求、對感官快樂的追求和著迷於宗派活動，以致榮譽、秩序、忠誠、美德和服從，似乎都已成為過去的東西，那麼，在這種墮落的社會風氣之中，就只有等到那些誠實的人——如果幸運的話，還會剩下一些這樣的人——到處摸索並且讓每個人都有深刻的認識之後，這個民族僅存的品格才有希望得到恢復，使每個個體的品格得到昇華，唯有這樣，這個民族才能夠得到拯救；而且，如果那些良好的品格無法挽回了，這個民族也就沒有什麼值得拯救了。

2

母親的素養決定一個民族的素養

Home Power

從他的第一次呼吸開始，他的教育就開始了

家庭是塑造人的品格第一所而且是最重要的一所學校。有一句廣為人知的格言；「行為舉止造就了人。」還有一句格言：「心靈造就了人。」然而，比這兩句格言更千真萬確的是這一句話：「家庭造就了人。」因為家庭薰陶不僅塑造人的行為舉止和心靈，還塑造人的品格。主要是在家庭中，一個人的心靈開始敞開，習慣開始形成，理性開始覺醒，善良或者邪惡的品格開始初具雛形。

家庭，不管它是純潔的還是骯髒的，都是產生管理社會原則和規則的泉源。

一個好的母親抵得上一百
個學校的老師。

法律本身不過是家庭的反映。在家庭生活中，**在孩子的心田播下的哪怕是最細小的思想火花，到後來也會向世界進發，從而成為公眾的意見**。民族的振興是從托兒所開始的，因此，**那些管教孩子的人所產生的影響，比那些管理政府的人產生的影響還要深遠**。家庭生活應該為社會生活作準備，而且心靈和品格應該先在家庭中形成，這是自然的秩序。

每個人來到這個世界時都是無依無靠的，他必須依賴周圍的人，並從中獲得營養和教育。**從他的第一次呼吸開始，他的教育就開始了**。當一位母親帶著她四歲的孩子去問牧師，她應該什麼時候開始教育孩子時，這位牧師回答說：「夫人，如果您還沒有開始教育孩子，那麼，您已經耽擱四年的時間了。從嬰兒臉上第一次露出微笑開始，您就應該抓住機會開始教育。」

其實，在這個事例中，教育也早已開始。因為小孩已經透過簡單的模仿進行學習，這種學習毋需努力，幾乎是透過皮膚的毛細孔進行的。有一句阿拉伯諺語說：「一棵無花果樹看著另一棵長滿果實的無花果樹，就變得碩果纍纍。」小孩子也是如此，示範是他們第一位偉大的導師。

在兒童性格的形成過程中，不管多麼微小的影響都會貫穿一生。兒時的品格是成年時品格的核心；所有後來的教育都只是在兒時品格的基礎上疊加，品核的形式卻沒有發生變化。因此，這樣一句話在相當程度上是正確的：「兒童是成人之父。」或者，如彌爾頓（John Milton，《失樂園》作者）所說的，「童年預示著一生，正如早晨預示著一天。」那些持續時間最長、紮根最深的推動力，往往淵源於我們出生之時。正是在那時，美德或邪惡、樂觀或悲觀的基因首次移植於人的身體，並決定了人一生的品格。

兒童往往是站在一個嶄新世界的大門口，他對其中的一切都感到新鮮和好奇。起先，他四處觀望，不久，他便開始觀察、領悟、分析比較、模仿，把對事物的印象和思想牢記在心。如果能得到悉心的指導，他的成長會讓人驚詫和喜悅。布魯姆（The Lord Brougham，英國政治家）爵士研究發現，小孩在一歲半至二歲半這段時間，對物質世界、對自己的能力、對其他物體屬性，甚至對自己的心靈和對他人心靈的領悟，比日後一生中所獲得的領悟還要多。在這一時期，一個小孩在生活中所積累起來的知識和在心靈中所產生的思想如此重要，比起一個劍橋大學數學學習成績優等，或一個在牛津大學的一流學者所獲得的學問根本不值得一提。假如一個人學到的東西可以擦掉的話，那麼小孩在此期間學到的東西要用一生的時間來清除，而學者的學問不用一週的時間便可全部清除。

兒童時期，心靈的大門毫無遮攔地敞開著，時時準備接納新鮮事物。這時，他不僅接受能力強，而且記憶力強。少年時期學的，好比刻在石上。幼年就像一面明鏡，在日後的生活中反射著最早進入他生活的東西。第一次在孩子生活中出現的事情，必將影響其一生。第一次喜悅，第一次悲傷，第一次成功，第一次失敗，第一次輝煌，第一次災難，構成了他這一生的生活背景。

即使把一個心靈最為高尚的哲學家，放在一個日常生活極不方便、道德淪喪的惡劣環境之中，他也會變得麻木不仁。一個毫無免疫力、無依無靠的孩子置身這樣的環境，他會受到怎樣的影響就可想而知了。

在那些充滿愛心和責任感的家庭；在那些小孩的智力和心靈得到正確引導的家庭；在那些日常生活中表現出誠實和美德的家庭；在那些對孩子的管教充滿仁慈和愛心的家庭，我們可以指望他們能培養出一批健康、有所作為、樂觀向上的孩子。他們會踏著你的足跡，走上正直、自制和樂於助人的生活道路。

相反地，如果小孩子生活在一個愚昧、野蠻、自私的家庭環境中，也會潛移默化地受到感染，日後成為一個粗魯、毫無教養的人。一位古希臘哲人說過這樣一句話：「如果讓奴隸去教育你的孩子，那麼，你得到的就不再是一個奴隸，而是兩個奴隸。」

在小孩的模仿過程中，榜樣是至關重要的。如果我們希望一個小孩能夠有良好的品格，就應該給他提供良好的榜樣，而時時出現在孩子面前的榜樣則是母親。

一個好的母親抵得上一百個學校的老師。在家庭中，她「像磁石一樣吸引所有的心靈，像北極星一樣是人人關注的對象。」**孩子時時刻刻都在模仿自己的母親**。英國著名哲學家法蘭西斯．培根（Francis Bacon）把「模仿」比作「全球通行的訓導」。然而，榜樣不只是口頭訓導，它是行動的指南，是無聲的指令，以身作則遠勝於口頭訓導。在極壞的榜樣面前，最好的口頭訓導也無濟於事。人們會追隨榜樣，而不會聽從訓導。即使是小孩也能判別一個人是否言行一致，「說一套，做一套」的父母很快就會被孩子識破。滿口仁義道德，暗中男盜女娼，這樣的人說教是毫無效果的。

母愛是我們人類可以看得見的神靈，其影響是永恆和普遍的。它和對一個新生命的教育同時開始，透過每一個善良的母親在生活中對子女的重大影響而延續下去。每一個人來到這世界，都要付出勞力、產生焦慮和接受考驗，當他們遇到麻煩和身陷困境的時候，都會跑去詢問母親，或者從母親那裡尋求安慰。

我們可以毫不誇張地說，這個世界是幸福還是悲慘，是開化還是無知，是文明還是野蠻，在很大程度上，都取決於女人在她特殊的王國——家庭——中權力的運用。愛默生說：「**對文明的唯一衡量標準，就是善良女人的影響。**」有人說，我們的後代都孕育在那個睡在母親懷抱裡的孩子身上。孩子最終將成為什麼樣的人，主要取決於他從第一個最有影響力的教育者那裡接受到的訓練和榜樣示範。

女人，超乎其他教育者的地方，就在於人性的教育。男人是人類的頭腦，女人是人類的心靈；男人是人類的理性，女人是人類的感性；男人是力量的象徵，女人則是文雅、華美和快樂的象徵。即使是最優秀的女人，對世界的理解力也主要是透過情感來獲得的。因此，儘管男人可能提供智力支持，但是，感情的開發卻是女人完成的，而品格主要是由情感決定的。男人能充實人的頭腦，女人卻能占有人的心靈。男人只能使我們去相信，女人卻能使我們去熱愛，因而，我們主要是透過女人來達到美德。

家庭也是最好的禮儀學校，在這裡，女性往往是最優秀的導師，法國普羅旺斯人有這樣一句諺語：「沒有女人，男人永遠只是少不更事的毛頭小伙子。」

博愛是以家庭為中心發散開來的。在社會中熱愛我們的那個小群體，在神聖不可侵犯的家庭裡，那些最明智和最優秀的人，不會因為自己的才智「低於孩子」而感到恥辱，相反地，他們會以此感到快樂和幸福。一個熱愛自己家庭的人，也會全心熱愛和服務於自己的社會與國家。

然而，家庭並不都是培養品格最優秀的學校，它們也可能是最糟糕的學校。從兒童期進入成年期，在這期間許多不幸都是由家庭的無知造成的。把孩子託交給愚昧無知的女性去撫養，他日後就會毫無教養，無可救藥。假如母親好逸惡勞、心術不正、行為放蕩，在家庭中吹毛求疵、性情暴躁、極不安分，那麼，家庭就會成為充滿不幸的人間地獄——人人唯恐避之不及，更談不上一往情深地迷戀。

拿破崙．波拿巴總是習慣說：「一個孩子行為舉止的好壞，完全取決於他的母親。」他把自己生活中的成就，歸功於母親對自己意志、力量、自制等方面的磨練。一位拿破崙的傳記作家說：「除了母親，幾乎沒有人能指揮得了他。她總是透過溫柔、嚴厲而又極有分寸的方法，讓他熱愛、尊敬和服從自己。從她這裡，他學到了順從的美德。」

在一份學校調查報告中，有一件令人覺得奇怪的事情，它說明了孩子們的品格取決於母親。在一家大工廠裡，聘用許多少年。這個工廠的經理們在錄用某個少年之前，往往要詢問他母親的品格，如果他們對母親的品格滿意，就會對她兒子的行為舉止放心。但是，他們對這些孩子父親的品格卻漠不關心。

我們也發現這樣的事情，有些家庭中，父親的品行極差——酗酒、偷雞摸狗，但是，只要母親勤儉節約、通情達理，家庭就能保持完好，孩子日後的生活照樣可以成功圓滿。與此相反的事情卻不多見，在一個家庭中，如果母親品行不端，不管父親的言行舉止多麼有教養，孩子在日後也很難有什麼作為。

我們經常聽到傑出男人的名字，較少聽到偉大女性的名字，但是，我們經常聽到善良女人的名字。**女人鍛造了人類良好的品格，這一事業比她們畫出世界名畫、創作不朽的文學名著和戲劇要絢麗奪目得多。**

對孩子僅僅有一種本能的愛是遠遠不夠的。低等動物也具備本能，它不需要經過任何訓練。但是，人類的理智在一個家庭中是時時需要的，它需要透過教育來獲得。撫育出體魄健壯的後代，上帝把這一任務交給了女人。人的道德和精神屬性珍藏在肉體屬性之中。女人必須懂得，她的行動必須與自然規律一致，她們對身體健康的祈禱、對精神和道德健康的祈禱，都可以在家庭中透過自己得到保證。

上帝賦予女人的理性和男人的理性一樣，是用來應用和實踐的，而不是「給她毫無用處的裝飾」，這是不證自明的道理。這種稟賦授予人並不是沒有目的。造物主贈送禮物是慷慨大方的，但他從不會鋪張浪費。

3

苦難磨練出高貴的品格

The Discipline of Experienor

善於學習別人經驗的人，從不羞於向人請教

唯有承受了苦難這所學校的教育，人們才能獲得實際有用的人生智慧。

一個人若想事業有成，必須承受日常工作、形形色色的誘惑以及各種艱難困苦的考驗。在這些考驗中，他應該能行得正，坐得穩。而且，他也應該能夠受得住實際生活的折磨或考驗。

藏而不露的美德毫無價值。隱居生活只能欣賞自我，因為隱居本身就表明蔑視他人。而且，隱居之士往往就是那些慵懶、怯弱、自我放縱之人。

每一個真正的人都應該勇敢地分擔作為人的義務，都應該奉獻

辛勞、熱血和汗水。對個人自身及對個人所屬的社團而言，人的義務會受到忽視。唯有融入日常生活中，唯有積極參與日常事務，才能學到實際有用的知識，才能獲得實際有用的智慧。正是在日常生活中，正是在日常事務中，我們才了解職責的範圍，才懂得遵守工作紀律，才懂得教育自己要學會忍耐、勤勉——也就是那種形成和鞏固自己性格的忍耐。

正是在日常生活和日常事務之中，我們才會遭遇困難、痛苦，也因此才會面臨形形色色的誘惑。

也正是在日常生活和日常事務中，我們才會受到偉大苦難的磨練，而我們從中所學到實際有用的知識，遠較從平安避世或隱居生活中所學到的知識多得多。

與人交流、接觸、聯繫必不可少，因為，這可以使一個人更了解自己。唯有自由地融入社會生活中，一個人才能正確評估其能力。沒有這種社會生活經歷，一個人就容易自負，易於夜郎自大，易於目空一切。這樣，他就不能正確認識自我，就可能成為孤家寡人。

因此，**一定程度的自知之明對想有所成就或想做出一番事業的人來說，是必不可少的**。這種自知之明對形成明確的個人信念也是必不可少的。一個人若只了解自己能做什麼，還不夠，唯有了解自己不能做什麼的時候，才能真正做成重要的事情，才能心平氣和。

善於學習別人的經驗，善於取他人之長的人從不羞於向別人請教。那些自以為聰明的人絕不肯虛心學習他人之長，也絕不會成功地做好任何一件事情，當然無法成就大事。我們應該集思廣益，應該不恥下問，應該虛心向比自己更明智、更有經驗的人學習、請教。

經驗豐富且極富睿智的人總是努力正確地判斷其耳聞目睹的事物，總是努力確立日常生活的主題。我們所稱的那些常識，在很大程度上，只不過是一般經驗的累積和昇華的結果而已。

常識的獲得並不需要極強的能力、耐心，謹慎小心就夠了。我們所遇見的最睿智之人常常是聰明的生意人和老於世故之人，這些

善於學習別人的經驗、
善於取他人之長的人，
從不羞於向別人請教。

人看問題都從親眼所見出發，而非從杜撰的令人暈眩的想當然爾出發。

基於同一原因，女人的直覺往往比男人的直覺要好，男人較少有這種良好的感覺，他們更易根據想當然爾的印象判斷事物的特性。而女人的直覺更迅速、更敏銳，同情心也更強烈，其態度更易於隨著特定目標的改變而改變，因而，其態度也更適應特定的目標。而且，她們的這種圓融在駕馭別人方面也有所體現，一些理性少而感性強的女人，往往能駕馭那些即使是最桀驁不馴的人的行為。

生活是悲傷與快樂共存的世界

當然，**苦難磨練的成果唯有透過感受、接觸豐富的社會生活才能獲得**。生活是一個時間的問題，生活經驗豐富的人懂得時間可以幫助他。「時間和我密不可分。」這是馬沙林（Jules Mazarin，義大利）樞機主教的一句名言。時間是美的使者和安慰者，時間宛如一位教師，時間是經驗的養料，是智慧的土壤。它也是青年的朋友和敵人；時間宛如守候在老者身邊的安慰者。人生是好是壞，人生是否過得有意義，就在於利用時間的正確與否。

時間是碾碎青年夢想的騎車人。對年輕人來說，呈現在他面前的新世界多麼光輝燦爛啊！新世界充滿新奇快樂，但是，隨著歲月的流逝，我們終於發現**生活是悲傷與快樂共存的世界，不僅有快樂，也還有悲傷**。隨著我們的生命車輪繼續滾滾向前，呈現於我們面前的並不是充滿不幸和失敗的黑暗前景。那些憑堅定的信念和純潔的心靈戰勝各種艱難險阻的人們是多麼快樂啊！他們歡呼痛苦，即使在最沉重的負擔面前也巍然屹立！

青春激情宛如人生不竭的動力，不管青春的激情曾經多麼光輝燦爛，流逝的歲月總是不斷冷卻人們心中湧動的青春激情。而且，人生的閱歷也不停地訓練這種青春激情，使之變得平和、克制。如果引導得當，如果不是置之不理或強行抑制，這種青春激情能成為健康性格的重要標誌。

青春激情是充滿活力的無私性格的一個標誌，正如自私自利、自高自大是偏狹和自私性格的標誌一樣。自私自利和自高自大的生活，窒息一切心底無私天地寬的性格，窒息一切活力四射的性格。

這種生活，這種自私自利、自高自大的生活，就如同一年之中沒有春天一樣。沒有辛勤耕耘、沒有辛勤播種的春天，就沒有鮮花盛開的夏天，也沒有碩果纍纍的收穫季節。青年時代是生命的春季，在這一生命的季節裡，如果沒有火熱的青春激情，就不會設法去嘗試一些事情，更別說成功地做完一些事情了。這種火熱的青春激情對提高工作質量，對激勵信心和希望，對引導人們走過枯燥乏味的瑣屑事務，對引導人們愉快地承擔義務、克盡職守都很有幫助。

「和現實的恰當結合，」亨利・勞倫斯先生（Henry Lawrence，英國政治家，曾任國會主席）說，「最易於使人們度過充滿苦難和挫折的人生……浪漫氣質或青春激情，宛如賦予人類心靈並促使人類堅持不懈奮鬥的動力。」勞倫斯先生也總是敦促青年，不可強行抑制他們火熱的激情，而應該勤勉地培養和引導這種情感，像一個渴求智慧或為了一些崇高目標的人辛勤耕耘一樣。「一旦這兩種氣質——浪漫氣質和現實氣質——充分地融合在一起後，」他說，「現質就會尋找實現稱心如意、切實可行之目標的直接途徑，而浪漫氣質則引導人們走上另一條新路，並指出這條新路的光輝前景。浪漫氣質還使人深信，即使在生命的暗夜，自己也仍然能找到樂觀的理由——那些不曾經歷生命暗夜的人看不到這種生命暗夜中蘊藏的樂觀理由——也就是昭示成功的那一縷曙光。」

熱情賦予人們成就大業所需的一切力量。沒有熱情，他就可能在他所面臨、遭遇的挫折和困難面前低頭、屈服。但如果具有非凡的勇氣以及堅忍不拔的毅力，再加上熱情的激勵、推動，他就會堅強地面對任何危險，他就能堅強地應付任何困難。

哥倫布便是一位熱情滿懷、神勇過人的人，堅信世界的另一隅存在著新大陸，他敢於揚帆遠航到那些陌生海域去冒險，去探索新大陸。當他周圍那些人陷入絕望、起來反對他並威脅說要把他扔進大海之時，他仍然充滿希望和勇氣，直到新大陸最終出現在地平線上。

真正的勇士不可阻擋，總會百折不撓，直到抵達勝利的彼岸。一鋸鋸不倒大樹，唯有經過多次反覆割鋸才能鋸倒。我們也許只注意人們成功時的情景，而經常忘記他們成功路上的辛勞、痛苦與危險。

當勒菲弗元帥（Joseph Lefevre，拿破崙時代的法國元帥）的一位朋友稱讚他的財產和好運時，元帥回答說：「你是嫉妒我嗎？你能以一個比我便宜的代價得到這些財富？到院子裡去，我拿一把手槍，在三十步開外，向你射二十槍，如果我不能打死你，我所有的財產都歸你。怎麼樣？你不願意？很好，那麼，請記住，我是在槍林彈雨中，在出生入死中才達到你現在所看到的這種成功狀態。我起碼冒過在更近的距離內被敵人射殺一千次以上的危險。」

偉大的人物無不是苦難的學徒

那些最偉大人物無一不是苦難的學徒，無一不是歷盡千辛萬苦才成就輝煌。苦難往往最能錘練和磨礪人的性格。苦難也往往激起人們行動的勇氣。若沒有困難，人們也許疏於行動。正如有時日食襯托出彗星一樣，英雄也會因突然降臨的災難而嶄露頭角或脫穎而出。天才如同生鐵需要燧石敲打一樣，也需要突然而激烈的苦難才能使性格成長、成熟。而在耽於逸樂的環境中，這些性格卻易於枯萎和凋謝。

因而，激勵人自力更生、艱苦奮鬥的苦難對人是有百利而無一害的，這遠比漠然、散漫、慵懶地打發時間強。唯有艱苦奮鬥才是勝利的條件。沒有困難，就沒有努力奮鬥的需要；沒有誘惑，也就沒有自我控制的訓練，無法孕育美德；沒有痛苦和不幸，也就不會受到忍耐和順從的薰陶。因而，**艱難、困苦和不幸並非有害，相反地，卻往往是力量、紀律和美德的最好泉源**。

「那些與貧困和艱辛作戰的人，」卡萊爾說，「與那些躲在家裡逃避戰鬥的人相比，與那些沉緬於養尊處優生活的人相比，與那些在悶熱、窒息的房間中仍沉睡不醒的人相比，他們更堅強，也更能幹。」

西班牙人甚至很高興塞萬提斯所遭遇的貧困。要不是塞萬提斯的貧困，他們認為塞萬提斯的偉大作品就有可能創作不出來。當托萊多（Toledo，中世紀西班牙首都）地區的大主教拜訪馬德里的法國大使時，法國使館的紳士們說他們非常欽佩《堂吉訶德》的作者塞萬提斯，並說他們渴望結識給他們如此多快樂的作者。他們得到的答覆是，塞萬提斯一直在辛勤地為西班牙服務，他現在年事已高且極度貧困。「什麼？」一位法國紳士驚奇地說，「塞萬提斯先生現在處境不佳？那他為什麼不依靠他的驚世鉅著《堂吉訶德》維生呢？」「老天爺不允許！」大主教回答說，「老天爺不允許他擺脫貧困，因為正是貧困促使他寫作；正是因為他的貧困才使得世界富裕！」

與其說是順境，不如說是逆境，與其說是富裕，不如說是貧困鑄就人的堅強毅力和健康性格；是逆境、貧困喚醒了人的活力，並健全了人的品格。一位朋友這樣評價自己說：「困難、挫折動搖不了我，束縛不了我，順境、富裕也不可能使我變成紈袴子弟。」人只有在極其困難的關頭才更能展現其品格和天才的力量。征服困難往往是他們取得更大進步的偉大動力。

假如人只經歷勝利的話，那是不合現實的，人往往是在屢遭失敗之後才取得成功的。是在應對各種事務，應對各種不可忘卻的、刻骨銘心的失敗之後才塑造了最富經驗的人。這些失敗，能促使聰明睿智的人更能自制，變得機智、老練，以免將來再遭類似失敗。

格言、建言和榜樣絕不可能像失敗一樣更能給人啟迪、教訓。失敗教給人經驗，教人做什麼、不做什麼，教人有所為，有所不為。

如果沒有苦難，那麼人性中最好的部分會酣睡不醒

科學也同樣需要殉道者，這些殉道者承受了無數的困難、迫害和痛苦，為自己開闢了一條通向光明的道路。我們不必再提到布魯諾、伽利略和其他一些人。他們受到迫害，是因為他們的觀點被假定為異端邪說。但是，在科學家當中，還有其他一些不幸者。他們的天才也無法使自己從敵人的憤怒中倖免於難。因此，貝利（Bailly）這位著名的法國天文學家（他曾擔任巴黎市長）和拉瓦錫（Lavoisier）這位偉大的化學家，在第一次法國大革命中被雙雙送上斷頭台。特別是拉瓦錫，當他被國民議會判處死刑後，他請求寬限幾天，好

讓他驗證一下他在監禁期間所做的一些試驗結果，法庭拒絕了他的懇求，下令立即執行死刑，一個法官聲稱「共和國不需要學者」。幾乎與此同時，在英國，普里斯特利（Priestley）博士，這位現代化學之父的房屋被燒毀，圖書館被砸爛，在「不要學者」的叫囂聲中，他逃離了自己的祖國，客死異國他鄉。

一些最偉大的發現是在迫害、困境和苦難中完成的。發現了新大陸並把它作為遺產交給舊世界的哥倫布，終生都是在金主們的追逐、誹謗和掠奪中度過。雖然，哥倫布最後為他們帶來了大筆財富。馬戈·帕克（Mungo Park）在他發現非洲河之後，還沒有來得及描述它，就在這條河中痛苦地被淹死了。克拉普頓（Clapperton）在非洲大陸中心的一條河岸上，死於猩紅熱，後來這條大河被其他的冒險家重新發現並加以描述。所有這一切，在創業史上和天才史上都是最令人傷感的事情。

那些有勇氣的人，總是以孤立的態度來迫使自己完成非常重要的工作。**正是在孤立的狀況中，追求精神完美的激情才能守護自己。往往只有當一個人處於精神很集中的孤立狀態時，心靈才會與自我對話。**但是，一個人能否在孤立狀態中有所收穫，主要還是取決於他個人的性情、他所接受的訓練和他的品格。

對於一個氣度恢宏的人來說，孤立狀態會使他純潔的心靈更為純潔，而對於一個心胸狹隘的人來說，孤立狀態只會使他冷酷的心靈更加冷酷。因為，孤立狀態雖然可以是崇高精神的守護神，但它對於氣量狹小的人來說卻是巨大的精神折磨。

英國作家約翰·班揚（John Bunyan）寫作《天路歷程》（*The Pilgrim's Progress*），或許也應歸因於他身陷囹圄這種惡劣的環境。因此，他被逼無奈只能透過冥思苦想來發洩自己的激情。事實上，在他的行動自由擴大以後，他的寫作生涯也就結束了。他的《天恩無處不在》和《聖戰》也都是寫於獄中。在這十二年期間，班揚一直待在美國貝德福德（Bedford）監獄，其中幾次有和別人會面的自由。

他之所以能寫出被譽為世界上最優秀的寓言作品，或許還是應該歸因於他漫長的牢獄生活。

彌爾頓有句名言：「**誰最能忍受苦難，誰的能力最強**。」由於責任的感召，許多偉大的人物都是在苦難的考驗和困境中完成他們的工作。他們乘風破浪，頑強奮鬥，到達岸邊時已筋疲力盡，爬到沙灘便已氣絕。他們完成了自己的職責，死而無憾。對於這樣的人，死亡已顯得蒼白無力。他們可貴的精神永世長存並永遠安慰、淨化和祝福著我們。

德國大文豪歌德指出：「生活，對我們任何人來說，都是苦難。除了上帝以外，誰還有權利找我們算帳呢？讓我們不要譴責那些已經去世了的人。活著的人計較的應該不是他們在哪些方面招致失敗，不是他們受了哪些苦難，而是他們做了哪些事情。」

因此，使人承受考驗並從中受益的不是舒適和安逸，而是磨難和困境。**逆境是品格的試金石。正如一些香草需要被搗碎才能散發出醉人的芳香！**

有些人也需要透過苦難的磨練來喚醒他們的優秀品格。因此，磨難往往會撕下一個人品行的假面具，揭示隱藏在內心深處的美德。那些貌似無用和胸無大志的人，一旦置身於困境和需要擔負責任時，就會展現出令人意想不到的品格的力量。

苦難或許是上帝設定的手段，透過苦難就可以磨練和產生出品德高尚的人。假如幸福是人生的目標，那麼悲傷就是達到這一目的所必不可少的條件。因此，使徒保羅對基督的生活提出了幾個矛盾的描述：

雖然承受了磨練，但並沒有死亡，
雖然充滿哀傷，但時常歡喜，
雖然貧窮，卻使許多人富有，
雖然一無所有，但卻無所不有。

人一方面，與苦難相親相愛，另一方面，又與幸福毗鄰。痛苦和悲傷一樣，都是手段。苦難從一方面看，它是一種不幸；但是從另一方面看，它又是一種祝福。**如果沒有苦難，那麼人性中最好的部分會酣睡不醒**。實際上，我們可以說，痛苦和悲傷是一些人獲得成功的必不可少的條件，也是刺激他們的才能發育成熟的必不可少的手段。英國名詩人雪萊（Shelley）曾經以詩的語言說道：

最為不幸的人被苦難撫育成了詩人，

他們把從苦難中學到的東西

用詩歌教給別人。

不管是男人還是女人，他們許多最為輝煌、最有意義的事業都是在苦難中完成的——有時是為了從苦難中解脫出來；有時是一種責任感，壓倒了個人的悲傷。「如果我不是像這樣的身體虛弱，」

達爾文對一個朋友說，「或許我就不會做出今天這樣的成績。」在談到自己的疾病時，多恩（Donne，十七世紀英國重要文學家）博士說：「你和我的其他朋友都知道，我經常發燒，因而我時時站在通往天堂的大門口，疾病使我處於孤寂和近乎禁閉的狀態，因此，我時時祈禱。」

席勒創作他那些偉大的悲劇是承受近乎拷打的肉體折磨後完成的。韓德爾寫出他最偉大的作品時，是在他中風癱瘓、接近死亡的時候。

他們與病魔和痛苦頑強搏鬥，創作了一些偉大的作品，正是這些作品使他們的名字在音樂史上永垂不朽。莫札特由於債務的逼迫，在病入膏肓的情況下，創作出偉大的樂曲，即他最後的《安魂曲》。貝多芬創作最傑出的樂章，是在他幾乎完全耳聾，處於極度悲傷的時候，而可憐的舒伯特，度過了短暫而又輝煌的一生，在三十二歲時便撒手人寰，他留下的全部財富就是幾本手稿、一身衣服和六十三個銀幣（一個銀幣值二先令）。蘭姆（Charles Lamb，十九世紀英國重要散文家）的一些最優秀的作品都是在極度的悲傷中創作出來的。胡德（Buxte-hude，德國巴洛克時期重要的作曲家）那些貌似快樂的作品都是從他痛苦的心靈中迸發出來的。正如他自己所說：

沒有一根可以調得和歡樂一致的琴弦，
只有那些令人感傷的旋律。

苦難往往是經過化粧的幸福。「黑暗並不可怕，」一位波斯聖哲指出，「或許，它隱藏著生命之水的源頭。」苦難往往是令人心酸的，但它是有益身心的。唯有經過它的教導，我們才能夠學會承受，才能夠變得堅強。最高尚的品格是透過苦難磨練出來的，「**品格透過苦難變得完美**。」一個富有耐心而又善於思考的心靈，從哪怕是極度的悲傷中所獲取的智慧，也要比從歡樂中產生的智慧要豐富得多：

靈魂居住的茅舍　暗淡無光
承受風雨的摧殘　更是破爛不堪
然而　從時間鑽出的縫隙
射進了明亮的光線

現在，我們可以得出結論，每一個人的素質取決於他們內在的體質和幼年時的生活環境；取決於把他們培養成人的家庭幸福與否；取決於他們經遺傳得來的性格，取決於他們在生活中所見到的榜樣的好壞。考慮這些因素，我們就應該學會對任何人都要仁慈和寬容。

同時，在很大程度上，生活往往是我們自己創造的。每一個心靈都會給自己創造一個小天地。喜悅的心靈會使這個小世界充滿快樂，不知足的心靈會使這個小天地充滿哀愁。

「**我的心靈對我來說就是一個王國。**」這句話適用於君王，也同樣適用於農夫。一個人可能是他心靈的國王，另一個人可能是他心靈的奴僕。生活不過是個體自我的一面鏡子。我們的心靈在任何情境下、在任何財富狀況下，都會反映出自己真實的個性。對於好人來說，世界是美好的；對於壞人來說，世界是腐敗的。如果我們的生活觀念得到昇華——如果我們認為生活中的應有之義是：不懈的努力，高尚的品德，高境界的思想，為自己謀利益的同時也為別人謀利益——那麼，生活就將充滿歡樂、充滿希望，生活也就會幸福。

相反地，如果我們把生活看作是自我表現、追求感官快樂和擴大權勢的機會，那麼，生活將充滿陰謀、充滿焦慮和令人沮喪。

當我們完成了在塵世間的一切工作——包括那些必不可少的、勞動方面的、愛情方面的或職責方面的工作——就像絲蠶結成了小繭然後死去，我們也要離去。雖然我們的生命短暫，但是，這是上帝指派的工作，每一個人必須不遺餘力地完成這些偉大的目標和目的。當這些工作都已經完成，我們就會感受到肉體的衰頹，但是，最終，我們卻走向了精神的不朽：

因此，死亡不過是去酣睡，
我們已將自己的一半
託交給客觀、公正的墓碑；
我們的枕頭，
或是山崗，或是塵土。

4

溫和的性情是一種無窮的力量

Temper

使別人幸福的人，自己也能得到幸福

才華和性格對一個人的成功有決定性的影響。的確，一個寬容、能體諒別人的人，一個心地善良情緒平和的人，一個有克制力和忍耐心的人，總能找到生活中的幸福，或者說，一個人的幸福在很大程度上取決於這些善良、寬容和體貼人的品格。正如柏拉圖所說，使別人幸福的人，自己也一定能得到幸福。

性格對於一個人的生活有極重要的影響。性格好的人總能看到生活中好的東西，對於這種人來說，根本就不存在什麼令人傷心欲絕的痛苦，因為他們即使在災難和痛苦中也能找到心靈的慰藉，正如在黑暗的天空中心靈總能看見一絲亮光，知道陽光終究會普照大

生活中的許多煩惱和憂
愁並非是真實的，而是
主觀想像出來的。

地。

這種使人愉悅的性格不會遭人嫉妒。具有這種性格的人，他們的眼裡總是閃爍著愉快的光芒，顯得歡快、達觀、朝氣蓬勃。他們的心中總是充滿陽光。當然，他們也有精神痛苦、心煩意躁的時候，但不同於別人的是他們總能平靜地接受這種痛苦，沒有抱怨，沒有憂傷，更不會為此而浪費寶貴的精力，而是拾起生命道路上的花朵，奮勇前行。

這種人最顯著的性格就是天性愉快、樂觀、友愛，對前途充滿希望，值得信賴。他們見識非凡，目光敏銳，能最先突破厚厚的烏雲看到亮光。

他們善於從目前的災禍中看到未來的希望；當疾病纏身的時候，知道經過努力，身體終會恢復；在生活的艱苦磨練中，他們學會了遵守紀律，善於改正錯誤，總結經驗教訓；在痛苦和挫折面前，他們總是鼓起勇氣，從不退卻。正是在與困難和挫折奮戰的過程中，他們學到了許多知識，懂得生活的艱辛。

儘管這種愉快的性格主要是天生的，但正如其他生活習慣一樣，這種性格也可以透過訓練和培養來加強。我們究竟是否能經常看到生活中光明或黑暗的一面，常常決定在我們對生活的態度。

任何人間生活都是兩面的，問題在於自己怎樣去審視生活。我們完全可以運用意志力來作出正確的選擇，養成樂觀、豁達的性格。樂觀、豁達的性格有助於我們看到生活中光明的一面，即使在最黑暗的時候也能看到光明。

具有樂觀、豁達性格的人，無論在什麼時候，都感到光明、美麗和快樂的生活就在身邊。

他們眼睛裡流露出來的光彩使整個世界都溢彩流光。在這種光彩之下，寒冷會變成溫暖；痛苦會舒緩。這種性格使智慧更加熠熠生輝，使美麗更加迷人燦爛。那種生性憂鬱、悲觀的人，永遠看不到生活中的七彩陽光，春日的鮮花在他們的眼裡也頓失嬌艷，黎明的鳥鳴變成了令人煩躁的噪音，無限美好的藍天、五彩紛呈的大地都像灰色的布幔。

一種美好的心情要勝過十副良藥。

從各類人物傳記中我們知道，許多天才式的人物都是樂觀、豁達、心地坦然的人。他們善於享受真正的生活，善於發掘蘊藏在生活中的無窮快樂。例如：荷馬、莎士比亞、塞萬提斯、培根、達文西等等。他們總是充滿幸福和快樂——他們那富足的心靈總是充滿創造的活力。

英國著名的哲學家和法學家邊沁認為，一個人給予別人的幸福和快樂越多，自己得到的幸福和快樂也就越多，反之則越少。如果他待人友善，別人必定以友善回報。一個仁慈的人總會帶來越來越多的幸福和歡樂。「良言一句三冬暖，」邊沁說：「善言必然導致善行，不僅聽到你說這句話的人會做好事，那些受雇於你的人們都會擇善而從，積善行德。」

快樂的秘密就在於不讓瑣碎之事來煩擾自己的心

自私自利是人生最可恥的伙伴。自私自利對於年輕人來說尤為可恥。自私自利者往往就是那些狂熱份子。一心只想到自己，從來不為別人想一想，自私自利者只關心自己，而無視他人的利益，個人的小我吞沒了大我，上帝也只能是他自己，這種私欲惡性膨脹的人，永遠無法滿足自己的欲望，所謂「人心不足蛇吞象」，講的就是那種極端自私自利的人，這種人最終必然會被自己惡性膨脹的貪婪所吞噬。

有些人總是牢騷滿腹，日子漸長，就會變成一種病態。心懷嫉妒的人把一切美好的東西都看成灰黃。品行不好的人會認為這個世上的一切都是歪的，整個世界都顯得乾坤顛倒，黑白混淆。這種人總是感到煩惱和空虛。

面對生活中的各種小麻煩，我們要認真對待，妥善處理，千萬不可任其發展。小問題不處理，就會成為大問題；小麻煩處理得不好，就會變成大麻煩。

其實，**生活中的許多煩惱和憂愁並非是真實的，而是主觀想像出來的**。一旦碰上大的痛苦，這些小煩惱就會自行消失。但我們往往把許多小小的痛苦都容忍下來，並不時加以比較。這樣一來，本來應該拋棄的東西我們卻珍愛起來，自己陷入了這種境地卻不自覺。許多父母親對待子女就是這樣，本來伸手可及的幸福卻被自己的溺愛糟蹋了。他們總是慢慢地縱容自己的兒子，終於有一天，失控了，那些被寵壞了的孩子反而要控制自己的父母親。許多巨大的惡果就是這樣長年累月地生成。

一個人的心境好壞也不是一天、兩天形成的，要經歷一個很長的歷程。一個人老是心情抑鬱，沒有歡樂，慢慢地，他的心房就裝不進幸福、快樂和希望。

這種心境一旦養成，世上的一切在他看來就都是令人沮喪、使人絕望的。這種人總是吹毛求疵、愛發牢騷、落落寡歡，也缺乏同情心。他們總是哀聲嘆氣，抱怨天道不公、人生太苦。他們總是斜著眼睛看人，看到別人好便不舒服；他們孤僻成性，以為別人也不愛打交道。他們的心中裝滿了各種痛苦和煩惱，既與周圍的人作對，也與自己為難。這種人要想知道什麼是幸福和快樂，首先得改變自己的心情。

自私自利往往會促成一個人斤斤計較的性格，自然常常鬱鬱寡歡。

自私的性格並非不可遏止，人的這種意識和在意識支配下的行動有時會給自己帶來榮耀，有時則帶來恥辱，這都決定一個人思考和行動的方式。**如果我們心情豁達、樂觀，就能看到生活中的光明面，即使在漆黑的夜晚，我們也知道星星仍在閃爍。**

一個心境健康的人，就會思想高潔，行為正派，能自覺而堅決地摒棄污穢的想法，不與邪惡者為伍。

我們既可能堅持錯誤、執迷不悟，也可能相反，這都取決於自己。這個世界是我們創造的，因此，它屬於我們每一個人，那些擁有快樂的人才會真正擁有這個世界。

煩躁不安、焦慮不已、老是不滿的脾氣和性格乃是所有幸福的大敵，也是心境祥和的大敵。我們常常看到許多人渾身是刺，沒人敢接近他們！這種人從來不控制一下自己的脾氣，一點點芝麻大小的事，也總是唇槍舌劍，不肯相讓，乃至拔刀相見。這樣一來，幸福和快樂就會被擔憂恐懼替代。

儘管有時只是些小麻煩，卻如同看不見的蟲子一樣，帶來很大的痛苦，**一小根頭髮能使一部大型機器停止運轉，快樂的秘密就在於不讓瑣碎之**

事來煩擾自己的心。要有意識地培養自己對生活的樂趣，學會愉快地處理日常生活中的一些小麻煩，日積月累，才能有好心情。

除此之外，要抱持希望。

希望是人類的共同財產，即使一無所有的人也能擁有希望。希望是窮人的最好幫手，有人把希望稱為「窮人的麵包」。希望是任何人間偉業的支撐者。歷史上記載，當偉大的亞歷山大成功地登上馬其頓王國的御座後，他把父親遺留給他的大部分家產都贈給朋友。他的大臣問他給自己留了什麼時，亞歷山大回答說：「我擁有極其珍貴的東西——希望。」

無論多麼甜美的回憶，與希望相比都是陳舊的過去，希望代表未來，記憶屬於過去。希望乃動力之源，任何崇高的事業都是在希望之母的呵護下成就起來的。

正是道德這個火車頭牽引著整個世界向前，而希望就是這個火車頭不可缺少的燃料。

5

風度是心靈的鏡子

Manner-Art

同情心是打開別人心房的金鑰匙

一個人的行為舉止、風度儀表是展現一個人外在魅力的主要方式之一。優雅的行為舉止使人風度翩翩。即使最普通的職員，只要他們行為得體、舉止規範，自然會使人肅然起敬。一個人的一舉一動、一言一行都與他的風度儀表有關，注意這些小節並使之規範化，會給生活增添無限光彩。

一個人的行為舉止與別人對他的尊敬息息相關，在管理支配他人時，常常比內在的、實質性的品行這類東西具有更大的作用。熱情友好、彬彬有禮的言談舉止無疑會使人通身舒暢，在這種友好的

同情心是打開別人心房
的金鑰匙。

交往中，成功往往就會到來。也就是說，親切友好的行為舉止會有助於事業成功。

友善的言行、得體的舉止、優雅的風度，都是走進他人心靈的通行證。無論老年人還是年輕人的心都是為舉止得體、彬彬有禮的人打開的。態度生硬、舉止粗魯只會使人倍生厭惡之情、憎恨之感，這種人在生活中必定處處碰壁，處處令人生厭。

一個人的行為舉止反映出一個人的內在品格。它反映出一個人的興趣、愛好、情感世界、性格性情以及他早已習慣的社會習俗等等。當然，一些普通的、大眾化的禮儀習俗和生活交往方式，與一個人本身內在的性格氣質關聯不大。但這些經過長時期自我修養、自我教育所養成的個人行為方式，乃是一個人本身性格、氣質、秉性的綜合反映，因而，這些與個人內在本性相關的儀表風度，以及待人接物的方法就具有不可小覷的意義。

對於一個有教養的、舉止優雅的人來說，高尚的情操乃是快樂和愉悅之源。這樣看來，情操也如同一個人的天才和成就一樣重要，而且，情操對於一個人的興趣愛好和品行具有更直接的影響。

而同情心是打開別人心房的金鑰匙。它不僅使人溫和有禮，謙恭待人，而且使人心智洞開、富有遠見。可以說，同情心乃是美好人性中的至尊至貴者。

優雅的行為舉止，根源於謙虛有禮和善良友好。從外表上看，禮貌乃是一種表現或交際形式，從本質上講，禮貌反映著我們對人的一種關愛之情。也許一個人並沒有必要對別人表示關愛之情，但他卻可以對人禮貌。優雅的舉止與得體的行為並沒有什麼本質的區別，二者基本上是一致的。漂亮的體型比漂亮的臉蛋要好；優雅的行為舉止要勝過阿娜多姿的身段；優雅的舉止是最好的藝術，它勝過任何著名的雕塑或名畫。

惡毒的言行舉止乃是人生最昂貴的奢侈品

真正的禮貌必然源自忠誠，必然是出乎內心，不然的話，就不會產生持久而深刻的印象。缺乏真誠的優雅是不存在的。粗魯的言行、粗暴的性格與優雅的行為風馬牛不相及，**優雅的行為舉止乃是人性的一種自然流露**。儘管有人認為，禮貌正如水一樣——清潔、單純、無色無味。

由於個人的天賦、性格不同，人的行為舉止不可能像一副模子裡出來的，他們都是各富特色。若沒有創造性，沒有個性，人類生活就沒有變化，也就沒有樂趣。

真正的謙恭有禮必出自善良。心地善良的人必然樂於幫助他人幸福，而不願意讓別人痛苦或煩惱。正如友好和善意一樣，謙恭有禮自然讓人感到輕鬆愉快，謙恭有禮與友善的行為總是合二為一，不可分離。

真正的謙恭禮貌，總是特別表現在對別人人格的關心這一點上。如果一個人希望別人尊重自己，他就要善於尊重別人的人格。他應該關注別人的思想、觀點，即使別人的思想觀點與自己相左，也要善於容納。真正有禮貌的人總是尊重別人的意見和看法，從不強求別人的意見與自己的一致，有時他得控制自己的情緒，壓制自己的不同意見，虛心聽取別人不同的意見。他應該寬容，善於忍耐、克制，避免作任何刻薄的評論；任何過激的言辭、刻薄的評論，總會招致別人對自己的負面評論。**惡毒的言行舉止乃是人生最昂貴的奢侈品**。

那些明智的、有禮貌的人從來不會表現出自己比鄰居更優越、更聰明或更富有。他們從來不向別人誇耀自己高貴而顯赫的社會地位，不向別人炫耀自己的職業，或者夸夸其談自己的工作，三句不離本行，一開口就炫耀自己的生活或工作經歷。

不尊重別人感情主要是因為自私自利，自私自利總是會導致種種生硬、粗魯和令人生厭的行為舉止。當然，這種種令人生厭的行為舉止並非出自邪惡的天性，而是由於這種人缺乏必要的同情與體諒別人之心，忽視了日常生活中使人愉快歡樂或痛苦的細節，而自覺或不自覺地導致別人不愉快。

在日常生活中，那些沒有一點自制力的人是令人難以忍受的。這種人總會給人帶來煩惱和痛苦。正是**由於缺乏自制力，許多人一輩子都在與自己製造的種種麻煩戰鬥**。由於他們的任性、倔強和粗心，成功總是與他們無緣，苦惱和麻煩總是與他們形影不離。而一些天賦並不太高的人，由於具有耐心和毅力，心平氣和，善於自我克制，反而總是一帆風順，並取得非凡成就。

是一帆風順，並取得非凡成就。

幸福取決於性格，尤其是那種生性樂觀愉快的性格，取決於一個人的謙恭有禮和友善的交往方式，以及樂於助人等這類品行。正如日常生活中的一些小細節，這類看似平凡的品德乃是每一個幸福的人所必須具備的。

許許多多不禮貌的行為都會侮辱他人。有些人的衣服很久沒有清洗，長年積下的污垢使人噁心，有些人過於「豪俠」，從不注重衣著，總是蓬頭垢面，不修邊幅，這副尊容無論如何也難以激起別人的好感，而且這種打扮本身就是不尊重人的表現。自然，人們對於這種人也不會有好感和敬意。

真正美的源頭在於一個人的內心

機敏是人的一種直覺行為，是隨機應變的本領。機敏使人順利地擺脫困境，在這方面，知識和天資都難以與機敏相匹敵。天才是才智，而機敏是技巧；天才是壓力，而機敏是動力；天才在於知道要做什麼，而機敏則知道應怎樣去做；天才使自己受人尊重，機敏使他人受到尊重，天才是資源，機敏是現金。

優雅的行為方式，一旦與機敏結合起來，就會產生巨大的力量。某個我所知道的醜男人，他常常說，在贏得美女的恩寵這方面，他與英國最瀟灑漂亮的男人相比，最多不過三天的差別。

優雅的行為舉止、禮貌的行為，以及所有使人們的生活更美好愉快的藝術都值得培養、教育。但絕不能以犧牲誠實、忠誠、真摯、正直、坦率這些更持久、更根本的品德為代價。**真正美的源頭在於一個人的內心，而不在於一個人的雙眼**。如果美並不能帶來美好的生活，不能產生高尚的習俗，這種美就沒有價值。

禮貌如果僅僅停留在口頭上，或禮節性的待人接物上，而不能真正與自己的行動統一起來，這種禮貌又有什麼值得提倡或炫耀呢？許多看似優雅、嫵媚的舉止可能只是表面文章——徒具誤人耳目的功能，實際上卻是沒有心肝的幾個標準動作。

例如藝術本身也許是一種並沒有什麼害處的享受，對於提高一個人自身的修養也許有重要的幫助。但如果它無助於提高一個人的修養，藝術可能就成為純粹感官上的東西，它就必定會使人衰弱下去，使人道德敗壞，而絕不會使人更強壯，使人的精神得以昇華。

真正的勇氣比任何優雅的外在風度都美。純潔的心靈勝過任何優雅可人的動作，心正、身正、精神正，就比任何精湛的藝術或標準的舉止更加有力。

當然，藝術教育也不能忽視，但我們絕不能忘記還有更加崇高、更加寶貴的東西值得追求，有比快樂、藝術、財富、權勢、知識、天才更為可貴的東西值得我們去追求，這極為珍貴的東西就是優秀而純潔的品德。沒有內在的美德作為基礎，所有的優雅舉止和精湛的藝術都不可能挽救一個人，更不可能使人的精神得以昇華。

6

自律自制是一切美德的基石

Self Control

很多習慣都能透過系統的訓練形成

自我克制是一切美德的根本。如果一個人任由衝動和激情支配，那麼，從那一刻起，他就完全放棄了他的道德自由。他會隨波逐流，成為「追趕時代潮流」欲望的奴隸。

因為道德自由，因為優於動物，人類才能抵制本能的衝動。也正是這種自我控制能力構成了品格的主要基礎。

習慣往往決定一個人的品質，認真嚴格的訓練能夠培養良好的習慣。很多習慣都能透過系統的訓練形成，這真是令人驚奇的事。例如，即使那些最沒有希望的人——街上的流氓、無賴和那些邋遢

自我克制是一切美德的根本。

髒亂、整日面朝黃土背朝天的鄉村小伙子，只要給予嚴格的訓練，他們也可以成為勇敢、堅強和富於自我犧牲精神的人。又如，在戰場上，甚至在航海時非常危急的關頭，那些訓練有素的人，往往能臨危不亂，往往能在此危急關頭向世人展示其真正勇敢和英雄的品質。

黃金般的舌頭長在有福之人的口中

如果一個人想光榮地、和平地度過一生，絕對有必要學會在小事情亦或大事上自我克制。人類必須容忍和克制，感性必須服從理性的判斷，必須盡量避免壞心情、壞脾氣和尖酸刻薄、好挖苦人的習慣。一旦人的思想鬆懈，這些東西就會乘虛而入，捲土重來，就會在我們的本性上建立永久的基地，從此盤踞在我們的心靈。

檢點自己的言行對個人幸福是絕對必要的：因為某些話語比打人更傷人心。雖然我們不用匕首，但「語言就像匕首」，語言的傷害比刺刀的傷害更可怕。那些溜到嘴邊刺人的話語，如果說出來，可能會使對方窘迫不已。有時，不說出來是多麼難啊！瑞典作家布雷默（Fredrika Bremer）夫人在《家》（*Home*）一書中說：「老天爺禁止我們說那些使人傷心的話，有些話語甚至比鋒利的刀劍更傷人心；有些話語則使人一輩子都感到傷心。」

因而，那些傑出人物在說話方面，也如同其他事情一樣，總是注意自我控制。那些聰明和懂得自我克制的人會避免心直口快、直言無忌，絕不以傷人感情為代價而逞一時口舌之快；那些不甚明智的人卻說話毫無遮攔，想到什麼就說什麼，這樣，他就失去了朋友，而非失去他玩笑的話語。所羅門說：「**智慧之人的嘴，在於他的心靈，愚昧之人的心靈卻在他的嘴上。**」

有些天才型的人物，說話很輕率，缺乏自我節制的耐心。這些容易衝動的天才，思維敏捷，語鋒尖銳——容易被各種歡呼、喝彩聲所迷惑——因而容易大放厥詞，這可能給他帶來無窮的後患和傷害。甚至一些可能被提名的政客，也無法抵制那些以損害政敵為代價的惡毒話語的引誘。**英國哲學家邊沁說：「一句話的措詞，往往決定許多友誼的命運，而且，也許決定許多國家的命運。」**因此，如果一個人試圖寫一些含沙射影的批評文章，儘管很難抑制這種想法，但最好還是克制一些。**「一支鵝毛筆，往往比獅子的爪子還要鋒利。」**一則西班牙格言這樣說。

在談到克倫威爾（十七世紀中葉領導英國清教徒革命）時，英國歷史學家卡萊爾說：「他守不住他的秘密，因此，他不可能實踐任何大事。」華盛頓在言語措詞上極為慎重，即使在辯論中，他也絕不會使用惡毒的語言或尋求短暫的勝利。從長遠的觀點來看，整個世界圍繞著那些知道該在何時或怎樣保持沉默的智者。

人們經常對說過的一些話後悔不已，但卻從不為因沒有藏好舌頭、保持沉默而感到後悔。希臘哲學、數學家畢達哥拉斯（Pythagoras）說：「或者沉默，或者說得恰到好處。」被利・亨特（Leigh Hunt，英國詩人、評論家，在其生命後期成為文壇激進派的英雄）所稱許的

「紳士聖人」聖法蘭西斯（註）也說過：「保持沉默要比疾言厲色說出真相好，否則，就會如同不好的調味品敗壞了一道精美的菜餚一樣。」另一位名叫拉科德爾（Lacordaire）的法國人總是先說兩句，然後就沉默。他說：「在演說以後，沉默便是世界上最有力量的東西。」不過，在適當的時候，哪怕是一個詞，也可能很有力量。正如英國威爾斯地區（Welsh）的一句格言所說：**「黃金般的舌頭長在有福之人的口中。」**

註：聖法蘭西斯生於一一八二年，卒於一二二六年，享年四十四。是義大利的聖僧。以下為他有名的祈禱文：

使我作你（上帝）和平之子，在憎恨之處播下你的愛。
在傷痕之處播下你的寬恕，在懷疑之處播下信心。
使我作你和平之子，在絕望之處播下你的盼望。
在幽暗之處播下你的光明，在憂愁之處播下喜樂。
哦主啊！使我少為自己求，少求受安慰但求安慰人，
少求被瞭解但求瞭解人。少求愛但求全心付出愛。
使我作你和平之子，在赦免時我們便蒙赦免。
在捨去之時我們便有所得，迎接死亡時我們便進入永生。

性情往往能折射出我們周圍的現實

在很大程度上，人生是我們自己寫就的。開朗快樂的人擁有快樂幸福的人生，抑鬱憂愁的人則擁有抑鬱憂愁的人生。我們常常發現，**性情往往能折射出我們周圍的現實**。如果我們是愛發牢騷的人，通常會覺得別人也愛發牢騷；如果我們不能原諒和容忍別人，不能寬厚待人，人們也會以同樣的態度對待我們。

如果我們想與人和睦相處並得到尊重，就應該尊重他們的人格。每個人都有他自己為人處世的方式和性格特徵，我們與人打交道時，應該容忍他們為人處世的方式和性格愛好。我們也許並不清楚自己的怪癖抑或形象，但它們卻實實在在地存在著。在南美的一個小村，那兒的人甲狀腺腫很普遍，以致該村的人以為沒有這種病的人就是畸形人或醜八怪。一天，一群英國人經過那兒，村莊裡的許多人都嘲笑他們，並狂呼亂叫：「看，看這些人——他們沒有大脖子（病）！」

不能寬厚待人，往往也是我們缺乏寬厚仁慈脾性的反映。我們身上經常發生平白無故的擔憂，也有來自我們主觀臆想的原因。即使周圍的人對我們不懷好意，也犯不著惹惱自己去與他們針鋒相對。因為我們沒有絲毫必要把自己置身於他們的惡意和任性之中而不能自拔。**從我們嘴裡吐出來的那些流言蜚語經常使我們自食其果**。

偉大而極富教養的大學問家法拉第（Michael Faraday，英國科學家），曾和他的朋友廷德爾（William Tyndall，英國物理學家）教授在信中交流心得體會：「年輕時，我發現我經常誤會別人的意思，很多時候，人們所表達的意思並非我想的那樣。更重要的是，對那種話中帶刺的語言裝聾作啞要比追根究柢好，相反地，對那種親切友好的話語仔細品味要比當耳邊風好。真相終歸會大白；那些反對派，如果他們本身錯誤的話，以克制的態度答覆他們遠比以勢壓人更容易使他們信服。我想要說的是，對黨派偏見視而不見更好，而對待善意的行止則應該觀察洞明。」

一個人如果努力與人和睦相處，他一生中就會獲得更多的幸福。我總是努力地，也希望能成功地克制自己與別人針鋒相對；我也知道我從未有過什麼損失。

畫家巴里（Barry）在羅馬時，因為慣於爭論，又和羅馬的藝術家以及藝術愛好者，就油畫和繪畫作品的經營問題，展開了激烈的爭論。他的朋友和同鄉艾德蒙．伯克（Edmund Burke）——一位寬宏大量的人——熱情洋溢地給他寫了一封信，並勸他說：「請相信我，親愛的巴里，雖然用武器可以反對世界的邪惡，但是，能使我們和解的品質卻是節制、溫和、寬容他人以及多反省自己；這些品質是一種偉大崇高的品質，這種品質能使我們沉著鎮靜，也能給我們帶來好運；沒有任何東西比溫和平靜的心靈，更能使我們從容地面對一個充滿流言蜚語、爾虞我詐和暴力衝突的世界。我們應該與我們的同類和睦相處，如果我們不是為了他們，至少也應該為自己的利益而與他們和睦相處。」

一個正直的人絕不會粉飾自己，也絕不會打腫臉充胖子，假裝闊佬，更不會去奢求那種海市蜃樓般的生活方式。他會坦然地過量入為出的生活，而不會過依賴別人接濟度日的生活。因為，對他來說，那種借債以維持入不敷出生活方式的人，在精神上如同公開扒竊你錢包的人一樣不誠實。

對許多人來說，這也許是一種偏激的觀點，但是，這種觀點卻經得起最嚴格的檢驗。以他人為代價的生活不僅不正直，事實上也是一種虛偽的生活，如同撒謊。喬治・赫伯特的名言「欠債者就是撒謊者」已經被許多經驗事實證明。不滿於我們沒有的東西，以及不滿於我們的低微，乃是一切不道德行為的根源。

正直的人力行節約，注意細水長流，不會胡支濫花，所以絕不會淪落到打腫臉充胖子或借債度日的地步。因此，**收入雖少但能控制欲望的人不會貧窮，收入能充分滿足其需要的人就是富翁。**

7

勇氣來自「不合時宜」的偏執

Courage

人類歷史上所取得的每一項進步，都是在戰勝各種艱難險阻的基礎上取得的

勇氣本身表現在默默地努力和辛勤地耕耘之中。**勇氣表現在為了真理和義務，敢於忍受和承擔一切痛苦**。這種勇氣才是真正的大智大勇，遠非那種「重賞之下，必有勇夫」的匹夫之勇可比，也遠非那種殺人越貨的「勇氣」可與之相比。

唯有道德勇氣才能造就人崇高的英雄氣概。這種道德勇氣是一種探求和堅持真理的勇氣，是一種堅持正義的勇氣，是一種誠實無欺的勇氣，是一種抑制誘惑的勇氣，是一種克盡職守的勇氣。如果

人不具備這種勇氣，那麼，他根本不可能保障其他人的安全。

人類歷史上所取得的每一項進步，都是在戰勝各種艱難險阻的基礎上取得的。

人類歷史上每一項進步的獲取與人類英勇無畏的勇氣，與思想先驅、偉大的發現者、愛國者以及各行各業的偉大人物密不可分。每一個真理或每一種學說無不是在鋪天蓋地而來的貶損、誹謗和迫害中，衝開一條血路，最終獲得普遍的認同。**「在每一個偉人發表偉大思想之處，也就是他的殉道之處。」**德國詩人海涅（Heinrich Heine）說。

許多人熱愛真理，並為之
付出了畢生的精力
他們在浩瀚的典籍中，
苦苦尋覓真理，
因為其辛勞和汗水，
他們終於如願以償地，

沐浴在真理的光輝中。
許多懦弱之人找尋她，
許多不幸的人們渴望她，
但是，
唯有我們的勇士，為她
英勇地進行戰鬥！
即使在寶貴生命危急關頭，
仍為她英勇地進行戰鬥！
他們如此熱愛她，以致甘願
為她拋頭顱、灑熱血，
因為，
捍衛神聖的真理，
乃是一種轉瞬即逝的，
最幸福情感的

人們往往因為相信自己能
戰勝艱難險阻，而最終戰
勝了一切艱難險阻。

蘇格拉底在七十二歲高齡時仍被迫在雅典飲鴆自盡，因為他崇高的學說違背了那個時代的偏見和調性。他被指控犯有敗壞雅典青年的罪行，因為他激勵青年蔑視國家的監護神。但他不僅有非凡的道德勇氣去面對專制法庭對他的指控，還有非凡的道德勇氣去面對那些無法理解他的群氓抑或暴民。他臨死前發表了流芳萬古的演說，最後對法官們說：「現在是我們分離的時候了——我將慨然赴死，他們則仍然留在人間；但是，除了偉大的上帝之外，你們都不知道，我和你們，究竟哪一個有更好的命運。」

有多少偉人和偉大的思想家在宗教的名義下慘遭迫害啊！布魯諾（**Giordano Bruno**，義大利哲學家、數學家、天文學家）便被活活燒死在羅馬，因為他揭露了那個時代風行但卻是錯誤的學說。當宗教法庭宣判他的死刑時，布魯諾卻驕傲地說：「你們宣判我的死刑時，比我慨然接受你們的死刑宣判更為害怕吧！」

緊隨布魯諾的則是伽利略，這位科學巨人在科學上的名聲與他作為一個殉道者的名聲相比，也要黯然失色。因為他教授關於地球運轉的觀點，受到教會的強烈譴責。在他七十高齡的時候，因為「異端邪說」被羈押到羅馬。儘管他沒有遭到嚴刑拷打，但被終身監禁在宗教牢獄中。甚至在死後，伽利略仍受到迫害，因為教皇拒絕將伽利略的屍體安放於墳墓中。

當英國著名哲學家法蘭西斯．培根（Francis Bacon）的《新工具》（*Novum Organon*）一書發表時，立即掀起了一陣巨大的反對聲浪，因為它被指稱為有產生「危險革命」的傾向。一個名叫亨利．斯塔布（Henry Stubbe，英國學者）的博士特地寫一本書反對培根的新哲學（如果不是這樣，他的名字肯定要被人遺忘），他將所有的經驗主義哲學家都痛斥為「親培根的一代」。甚至連英國的皇家協會都反對《新工具》，因為皇家協會認為，「經驗哲學顛覆、動搖基督教信仰。」

哥白尼學說的擁護者被宗教法庭當作異教徒而加以迫害，甚至連純樸的牛頓——伯奈特（Gilbert Burnet，英格蘭神學家、歷史學家、主教）主教認為牛頓是他所知道的「最聰明的人」，牛頓的心靈純樸得如同嬰兒，也因為其偉大的發現，即萬有引力定理，而逃不了被指控為有「推翻上帝」的罪行。富蘭克林也因為揭示雷電之謎而受到同樣的指控。

荷蘭哲學家斯賓諾莎（Spinoza）則因為其哲學觀點而被開除了猶太教籍，猶太教認為他的哲學觀點違背宗教教義。以後，因為同樣的原因，暗殺者一直企圖暗殺他。斯賓諾莎一直到最後都秉持勇氣，完全自力更生，他去世時，一貧如洗、慘澹淒涼。

因而，幾乎每一知識領域的拓展都使我們更加了解天國、地球及人類自身，都與歷史上各個時代偉人們的熱情、專一、自我犧牲精神以及巨大勇氣息息相關。這些歷史上的偉人，無論他們同代的人怎樣謾罵和反對，也阻止不了他們成為極為榮譽的開路人。

不公正、偏狹地對待歷史上的科學巨人，對我們今天不無教訓。它教導我們，那些不同於我們的人，如果讓他們耐心地說、誠實地思考，以及自由地說出他們的信念，我們應該對之保持克制，不能以勢壓人。柏拉圖曾經有言：「**世界就是上帝交給人類的書信**。」因此，研讀上帝的書信，詮釋上帝書信的真正意義，就只能使人類更深刻地感受上帝的力量，就只能使人類更加真切地感受上帝的智慧，就只能使人類更加感恩戴德於上帝的恩賜。

這就是科學殉道者的勇氣，為了問心無愧，許多人在與世隔絕的環境中，甚至在沒有一絲一毫的鼓勵和同情的環境中，能溫馴地忍受一切不公正的遭遇，這種勇氣要高於在炮聲隆隆、殺聲震天的戰場上所表現出來的勇氣。因為，在戰場上，即使是最懦弱的人也能感受到戰友們熱切同情的鼓勵，以及軍中楷模的激勵。

時間也許會逐漸淡忘那些殉道者的名字。這些殉道者因為信仰真理，即使在面臨艱難險阻、慘遭不幸和身陷絕境之時，也仍然會在世界的道德戰場上堅守正義，他們會英勇無畏地面對這一切，他們會甘願為了信仰的真理而獻出自己最寶貴的生命，而絕不會背棄自己對真理的虔誠信仰。

英國亨利八世時的宰相托馬斯．莫爾（Thomas More）也表現出了偉大的勇氣，心甘情願地走向斷頭台，慨然就義，而不願背棄對真理的信仰。當莫爾最終決定堅守節操時，他覺得贏得了光榮的勝利。莫爾對他姪兒羅波爾（Roper）說：「孩子，我感謝全能的上帝，戰鬥就是勝利。」當時，站在國王一方的諾福克（Norfolk）公爵告誡他：「總之，莫爾先生，與帝王抗爭是非常危險的事，帝王一怒，頓時屍橫遍地、血流千里。只怕你的性命堪憂矣。」「勳爵先生，果真是這樣嗎？那也不過如此，我和你的區別就是——我今天死去，你則稍後死去，死的時間早晚不同罷了。」

雖然許多偉人在艱難和危險的時刻有妻子們在背後堅定支持，

莫爾卻沒有這種及時給予安慰的妻子。他被羈押於倫敦塔期間，妻子從不給予他半點安慰。她根本不明白他有什麼理由繼續監禁在那兒，因為，只要莫爾按照國王的要求去做，就能立刻重享自由，就能重新擁有他在切爾西（Chelsea）精緻、漂亮的住宅以及果園、藏書室和畫廊，他就能重新和妻子、孩子共享天倫之樂。

「我真的感到不可思議，」有一天，妻子對他說：「迄今為止，你一直被當作最睿智的人，現在卻傻到被監禁在這間封閉、骯髒的監獄裡，甘願與老鼠為伴，你本來可以出去，重獲自由，只要按照主教們的要求去做。」

但是，莫爾對義務的看法不同於妻子：他神聖的義務絕不只是個人的。他對妻子的話置之不顧，溫和而高興地說：「精緻、漂亮的住宅能與我熱愛的真理相提並論嗎？」他的妻子則輕蔑地回答說：「真是愚不可及，真是愚不可及！」

但是，莫爾的女兒瑪格麗特．羅波爾（Margaret Roper）卻鼓勵父親堅守節操。在父親長期身陷囹圄期間，義無反顧地安慰父親。

莫爾絕不願虛偽地起誓，他終於成了一個殉道者。因為他的誠實、正直，而慘遭殺害。他的頭被砍下來之後，被懸掛在倫敦橋上。瑪格麗特．羅波爾勇敢地請求人們為她取下。懷著對已不在人世的父親的熱愛，她要求死後和父親的頭顱合葬在一起。

許久以後，當瑪格麗特．羅波爾的墳墓被打開時，人們看到，這件珍貴的遺物即莫爾的頭顱，正擱在瑪格麗特遺骸的胸部。

捍衛良心

雖然馬丁．路德並沒有因為他的信仰而獻出生命，但是，從他宣布反對教皇的那一天起，就已冒著失去生命的危險。在開始他偉大的戰鬥之初，他幾乎是孤軍奮戰，形勢對他極為不利。他對人說：「一方是博學、崇高、顯貴、神聖不可侵犯、極具才華、手中握有強權且受到大眾擁護的教士們；另一方則是威克利夫（Wycliffe）、羅倫佐．瓦納（Lorenzo Valla）、奧古斯汀和路德——可憐的、無知的，僅有幾個朋友的人。」

當皇帝召他到沃姆斯（Worms，又作沃木斯議會）去答覆關於他的異端指控時，他決定親自去答覆指控。周圍的人都說，如果他去會有危險，都勸他逃走。「我不逃，」他說，「雖然我會發現那兒的魔鬼比這裡公開張牙舞爪的魔鬼多三倍，但我仍然要去，即使是龍潭虎穴我也要去。」有人警告他當心喬治公爵對他的刻骨仇恨時，他說：「我也要去那兒，連續九天應該能熄滅喬治公爵的仇恨火焰。」

路德是言必行、行必果的人，他立刻動身出發，開始了充滿危險的旅程。當他經過沃姆斯古老的鐘樓時，立刻從馬車上站起來並唱道：「偉大的城堡就是我們的上帝。」這是宗教改革運動期間的「馬塞曲」——他唱的這首「馬塞曲」歌詞和曲子都是他在僅僅兩天前臨時創作的。在路德即將前往迪埃特（Diet，德國議會之稱謂）之時，一個老軍人拍了拍路德的肩膀，並對他說：「虔誠、仁慈的僧侶啊，我勸你注意言行；你將進行一次比我們任何人曾遭遇過的更為艱苦卓絕的戰鬥。」但是，路德對這位老兵的回答卻是：「決心捍衛《聖經》和我的良心。」

關於路德在迪埃特面前所表現出來的非凡勇氣，歷史上已有記載。路德的勇氣是人類歷史上最輝煌篇章上的一頁。

當皇帝最後要求他放棄信仰時，他堅定地說：「陛下，除非根據《聖經》或根據極其明顯的證據，我才會相信我錯了，否則我不能也不會放棄信仰。因為我們絕對不能違背良心。我站在這裡說：我不能不這樣做，上帝會幫助我！我必須克盡職守——與國王的命令相比，我應該先服從上帝的命令；我是冒著一切危險躬行踐履此一信念的。」

後來，在奧格斯堡（Augsburg），當他的敵人多方刁難時，路德說：「如果我有五百顆頭顱，我寧願全部失去它們，也絕不願宣布放棄自己的信仰。」像所有大智大勇之人一樣，路德的勇氣似乎隨著他所不得不遭遇和不得不克服的困難的增加而增加。霍頓（Ulrich von Hutten，德國評論家，支持路德的改革）說：「在德國，沒有人比路德更視死如歸。」我們應該把現代的思想自由以及對偉大人權的維護歸因於馬丁・路德偉大的貢獻，也就是說，其他人對現代思想自由以及維護人權觀念的貢獻，都遠遠不及馬丁・路德。

雖然成功是對那些辛勤耕耘之士的酬勞，但是，這些人士卻經常在看不到任何成功希望的情況下，仍然奮鬥不懈。其時，他們必定是靠勇氣而生活——也許是在生命的黑夜播下奮鬥的種子，懷著美好的憧憬，希冀將來有朝一日，他們播下的種子能生根、發芽、根深葉茂、碩果纍纍。

那些最崇高的事業必定是屢遭失敗之後才到達勝利的彼岸，許多奮鬥者在到達勝利彼岸之前就死於狂風巨浪之中。他們所表現出來的英雄氣概不應該根據他們是否成功來衡量，而應該根據其所遭遇的艱難險阻，根據他們堅持不懈地與困難奮鬥的勇氣來衡量，例如哥倫布，即使在遠洋航行最痛苦的歲月，他也毫不氣餒，這些人才是具有崇高的道德典範。

養成依靠自己的力量獨自作出決定的習慣

世界上的許多不幸和邪惡都是因意志薄弱和優柔寡斷所致，換句話說，就是因缺乏勇氣所致。人們也許知道什麼是對的，但就是缺乏勇氣去躬行踐履。他們也許知道他們不得不盡的義務，但就是不能鼓起必要的勇氣去履行義務。意志薄弱和不守紀律的人，總是讓自己被每一個誘惑奴役、支配，他不能堅決地說「不」，總是奴性十足地拜倒在每一個誘惑的腳下。如果他的同伴不學好，那他就更容易誤入歧途。

唯有透過精神飽滿的行動才能鍾練出一個人堅強的性格，沒有任何事情比這一事實更確定不移。人必須訓練意志——性格的主要力量——養成果斷地作出決定的習慣，否則，意志不僅不能抵制邪惡，也不能遵守善德。當你屈服時，決斷賦予你堅定的力量。如果你屈服於邪惡，哪怕是一點點屈服，你的這種屈服也很可能是邁向墮落深淵的第一步。

請求別人幫助你作決斷不僅無益，反而有害。一個人必須養成依靠自己的力量獨自作出決定的習慣，必須養成在十分緊急時靠自己的勇氣獨自作出決定的習慣。

許多人的勇氣僅僅停留在口頭上；一些準備做的事情卻沒有去做；一些設計好了的計畫卻沒有付諸實施，仍被束之高閣；所有這一切，皆因缺乏勇敢的決斷。少說多做要比多說不做好得多。對萬事最簡單的回答便是：做。

人們往往因為相信自己能戰勝艱難險阻，而最終戰勝了一切艱難險阻

持久的勇氣對於品格的形成極重要。它不僅是有意義的生活之源，而且是幸福生活之源。相反地，膽怯或懦弱的性格，乃是人生最不幸的事件之一。聰明的人他教育子女的主要目標之一，便是訓練他們無所畏懼的習慣。無疑地，無所畏懼的習慣，也能像其他習慣，諸如專注的習慣、勤奮的習慣、快樂的習慣一樣，透過良好的訓練培養出來。

許多恐懼都是想像的產物，想像幻化出可能發生、實際卻很少

發生的可怕情景。因而，許多本來可以鼓起勇氣與困難戰鬥並能戰勝實際艱困的人，便因為這種假想中的可怕情景而卻步。因此，除非能嚴格地控制這種想像，否則，我們將不得不承擔自己的想像「創造」出來的負擔。

勇氣教育並不是平常的教育。勇氣教育比音樂、法語（當時的歐洲學習法語是一種時尚），甚至比使用象徵君主權力的小金球還要重要。

道德上的懦弱乃是由社會上層擴展到社會下層群眾中。社會上層偽善、隨波逐流、趨炎附勢，必然導致社會下層也偽善、隨波逐流、趨炎附勢。高高在上的社會上層人物尚且沒有勇氣說出自己的意見，又怎麼能希望社會下層群眾勇敢地說出自己的意見呢？追名逐利之人的脊樑都是由軟骨構成的，這些人都不能筆直地挺起脊樑。不過，這些人為了獲得歡迎的掌聲，對任何方向彎腰屈膝都不感到困難。

透過阿諛奉承普羅大眾，透過隱瞞事實真相，透過說和寫一些低級趣味的東西，更糟的是，透過散布階級仇恨所獲得的名望，在一切誠實、正直之人的眼中，不過是一厚顏無恥、卑鄙齷齪的代名詞。

英國哲學家傑勒米・邊沁（Jeremy Bentham）曾評價一個著名的公眾人物說：「他的政治綱領不是緣自於他對大多數人的愛，而是緣自於他對少數人的恨。他的政治綱領深受自私自利和反社會情感的影響。」在我們這個時代，又有多少人不是邊沁所評價的這種人呢？

堅定的理智乃是獨立自主、自力更生品格的關鍵因素之一。不敢形成自己的意見、不敢形成自己的觀點的人必定是個懦夫；沒有自己的觀點、意見的人必定是一個懶漢；不能形成自己觀點、意見的人則必定是一個笨蛋。

人們往往因為相信自己能戰勝艱難險阻，而最終戰勝了一切艱難險阻。

自信的人們也渴望得到別人的信任。當凱撒遠洋航行時，突遇風暴，剎那間，狂風怒吼、濁浪滔天，船上的全體船員驚惶不知所措。「你們到底害怕什麼？」這位偉大的船長大聲說道，「你們的船上有我凱撒在！」凱撒的勇氣極富感染力，深深感染了其他人。他堅強的性格使得那些懦弱驚惶的人安頓下來，不再擾嚷，他還以自己的堅強意志激勵他們共同與風暴作戰。

8

勞動是成功和幸福之本

Work

工作是人類最好的啟蒙老師之一

工作是人類最好的啟蒙老師之一，人們所掌握的一切知識都源於工作。

工作創造人、塑造人，人在辛勤的工作中學會了遵守紀律、自我控制這些基本的道德規範。沒有真正參加過工作的人不可能做到專心致志、全神貫注，也不可能具有持之以恆、鍥而不捨的頑強毅力。正是在不斷的磨練中，人才能逐漸熟練地掌握一門技巧，也才能具備處理日常生活事務的基本能力。

工作是人之為人的一種本質屬性，或者說，工作是人類所特有的一種本能，正是這種充滿生機和活力的本能推動人們不斷創造，

懶惰、好逸惡勞乃是萬惡之源，它會吞噬一個人的心靈，就像灰塵使鐵生銹一樣，懶惰會輕而易舉地毀掉一個人。

從而推動各個民族和全人類不斷向前發展。

人為了生活，必須用自己的雙手辛勤地工作，這是一種不可違背的客觀必然性，從另外一種意義上來看，一個人要享受真正的人生，享受真正的生活，也必須從事種種的工作。只有在工作中，人才能找到無盡的快樂，才能創造美好的生活。

也許有人認為工作是一個重負或是一種懲罰。其實工作是光榮的，工作創造了一切。人類偉大而光榮之處，就在於他透過自己的創造性工作來創造生活所必需的一切，工作產生了人類文明，一旦人們真正廢止工作，所有亞當的後裔必死無疑。

懶惰、好逸惡勞乃是萬惡之源，工作是幸福之本，懶惰會吞噬一個人的心靈，就像灰塵使鐵生銹一樣，懶惰會輕而易舉地毀掉一個人，乃至一個民族。亞歷山大征服波斯人之後，目睹了這個民族的生活方式。他注意到，波斯人的生活十分靡爛，他們好逸惡勞。亞歷山大感慨道：「沒有什麼東西比懶惰和貪圖享受更容易使一個民族奴顏卑膝，也沒有什麼比辛勤工作的人們更高尚。」

古羅馬皇帝塞維魯（Septimius Severus, 193-211 A.D.）一生征戰不已，先後率領部隊吞併了美索不達米亞，征服了不列顛。他自己已經躺在臨終的床上時，統帥的大軍正在不列顛作戰，但當他看到駐守在格蘭片（Grampians）地區的陸軍，留下凌亂的雜物時，心中十分不安，他以這件小事向該軍團施加壓力，警告該軍團要紀律嚴明。塞維魯國王給士兵們下達的最後一個命令就是：「我們必須勞動。」只有辛勤工作，才能保持羅馬大軍的蓬勃生機，羅馬將軍們的威望必須建立在赫赫戰功上。

遠古時期，農業生產中各種最普通的工作，都具有各種特殊的社會意義。做各種的農活往往與尊貴、高尚聯結在一起。古代的義大利就是這種情況。古羅馬著名歷史學家普林尼（Pliny，古羅馬尼亞文為plinius），曾經在他的著作中記敘了這些情況。當時，一個人下田做什麼樣的農活是有講究的，它與一個人的社會地位、官職大小有關。那些凱旋歸來的將軍及隨同他們出征的士兵們如果能被恩賜去耕田，那是相當榮耀的事情。將軍們往往要親自扶犁掌耙。犁鏵（泛指耕地用的犁頭，用以翻土，形狀呈三角）也具有非同尋常的意義，許多桂冠都織成犁鏵的形狀。將軍在農夫的指導下，十分榮幸地在田中耕地，黑色的泥土在犁鏵下如浪翻滾，農夫們在一旁歡笑，這種情景十分動人。

但是到了後來，奴隸被廣泛地在各個部門使用，人們才漸漸地認為工作（尤其是繁重的體力勞動）是不光榮的，是奴隸的事。一旦懶惰與崇尚奢華成為羅馬統治階層的顯著特徵之後，羅馬帝國的滅亡就為期不遠了。

在各種人性之中，沒有什麼比懶惰這一習性更難防範。有一位經常周遊世界的朋友，見識十分豐富。他對生活在不同地位、不同國家的人有相當深刻的了解，當有人問他不同民族的最大共同性或特點是什麼時，他說：「好逸惡勞是人類最大的特點。」無論王侯、貴族、君主還是普通市民都有這個特點，只想盡情享受勞動的成果，卻不願從事艱苦的工作。懶惰、好逸惡勞這種本性如此根深蒂固、普遍存在，以至於人們為這種本性所驅使，往往不惜毀滅其他的民族，乃至整個社會。

無論是對個人還是對一個民族而言，懶惰都是墮落的、具有毀滅性的。懶惰、懈怠從來沒有在世界歷史上留下好名聲，也永遠不會留下好名聲。懶惰是一種精神腐蝕劑，因為懶惰，人們不願意爬過一個小山崗；因為懶惰，人們不願意去戰勝那些可戰勝的困難，因此，那些生性懶惰的人，不可能在社會中有所成就，他們永遠是失敗者。成功只會光顧那些辛勤工作的人。懶惰是一種惡質的精神重負。人一旦背上懶惰這個包袱，就只會怨天尤人、精神沮喪、無所事事。

肥沃的稻田不生長稻子就必然長滿茂盛的雜草

英國聖公會牧師、學者、著名作家伯頓（Robert Burton），留給世人一本內容深奧卻十分有趣的書：《憂鬱的剖析》（*The Anatomy of Melancholy*）。約翰遜說，這是唯一使他每一天提早兩小時起來閱讀的書——伯頓在書中提出許多特別獨到而精闢的論斷。他指出，精神抑鬱、沮喪總是與懶惰、無所事事聯結在一起。「懶惰是一種毒藥，它既毒害人的肉體，也毒害人的心，」伯頓說，「懶惰是萬惡之源，是滋生邪惡的溫床；懶惰是七大致命的罪孽之一，它是惡棍們的靠墊和枕頭，懶惰是魔鬼的靈魂……懶惰的狗遭人唾棄，懶惰的人當然無法逃脫世人對他的鄙棄和懲罰。再也沒有什麼事情比懶惰更加不可救藥。」

一個聰明卻十分懶惰的人本身就是一種災禍，這種人必然成為罪惡的走卒，是一切惡行的役使者，因為他們的心中已經沒有工作和勤勞的位子，所有的心靈空間都讓惡魔占據了，這正如死水一潭的臭水坑中，各種寄生蟲、骯髒的爬蟲都瘋狂地增長一樣，各種邪惡的、污穢的想法也在生性懶惰的人心中瘋狂地生長。他們總是感到厭煩，總是病態地憎恨一切，總是感嘆、悲傷，他們的心中只有滾滾烏雲，而不會有藍天。

伯頓對這個問題有大量的論述。《憂鬱的剖析》這本書的深刻思想也集中體現在該書的這段結語中。他說：「你千萬要記住這一條——萬萬不可向懶惰、孤獨、寂寞讓步。」

有些人終日游手好閒、無論做什麼都捨不得花力氣、下功夫，但這種人的腦子可不懶，他們總想不勞而獲，總想占有別人的工作成果，腦子一刻也沒有停止活動，他們一天到晚都在盤算怎樣掠奪屬於別人的東西。

肥沃的稻田不生長稻子就必然長滿茂盛的雜草，那些好逸惡勞者的腦子中長滿了各種「思想雜草」。懶惰這個惡魔總是在黑夜中出現，它直視那些頭腦中長滿了這些「思想雜草」的懦夫，時時折磨他們、戲弄他們。

真正的幸福絕不會光顧那些精神麻木、四體不勤的人，幸福只在辛勤的工作和晶瑩的汗水中。也只有勞動才創造生活、給人帶來幸福和歡樂。

任何人只要工作，就必然耗費體力和精力，工作也可能會使人筋疲力竭，但它絕對不會像懶惰一樣使人精神空虛。工作是治療人身心病症的最好藥物。一個人的身心就像磨盤一樣，如果把麥子放進去，它會把麥子磨成麵粉，如果你不把麥子放進去，磨盤雖然也照常運轉，卻不可能磨出麵粉來。

那些盡力躲避煩惱的人，煩惱總是找上門來

那些游手好閒、不肯吃苦耐勞的人總是有各種漂亮的藉口，他們不願意好好地工作、勞動，卻常常想出各種主意和理由來為自己辯解。

一心想擁有某種東西，卻害怕、不敢或不願意付出相對的勞力，是懦夫的表現。無論多麼美好的東西，人只有付出相對的勞力和汗水，才懂得美好東西得之不易，因而愈加珍惜，才能從這種「擁有」中享受到快樂和幸福，這是一條萬古不易的原則。即使是閒暇，如果不是透過自己的努力而得來的，這閒暇就不甜美。不是

用自己勞動和汗水換來的東西，你就沒有為它付出代價，你就不配享用它。

休閒必須與辛苦的工作緊緊結合才有價值：在緊張的工作之餘稍事休息，放鬆一下，然後再工作，這樣的休息和悠閒才有意義，才不會是純粹的無聊。離開勞動的純粹休息或無所事事，只會導致空虛和抑鬱，正如過度地飽食總會讓人不舒服一樣，過度的悠閒對身心無益。無論是無所事事的富人，還是游手好閒的窮人，他們都只會感到空虛、寂寞、抑鬱、苦悶，任何人一旦脫離了勞動，就遠離了幸福。一位年逾四十的乞丐，他總感到精神空虛，無事可做，最後進了監獄，在蹲了八年的牢獄之後。他在自己的右臂上紋了一句話：「過去欺騙了我；現在正在戲弄我、折磨我；未來使我恐懼不已。」對於天底下所有好逸惡勞的人來說，這句話可以說是他們共同的心聲。

一個無所事事的人，不管多麼和藹可親、令人尊敬，不管是一個多麼好的人，不管名聲多麼響亮，他過去不可能、現在也不可能、將來更不可能得到真正的幸福。**生活就是勞動，勞動就是生活。讓我看看你能做什麼，我就知道你是一個什麼樣的人。**我一向認為，熱愛自己的工作、尊重勞動是保持良好品德的前提，只有熱愛工作、尊重勞動，才能抵禦各種卑劣、腐朽思想的侵蝕，才能抵抗各種低級趣味的引誘。我想進一步說明，只有熱愛勞動、盡職盡責，才能擺脫耽溺於自私自利之中所帶來的無數煩惱和憂愁。

有人認為只有躲在自己的小天地裡，兩耳不聞窗外事才能避免種種煩惱和不幸。許多人已經這樣試過，但結果總是一樣。無論是誰，既不可能躲避煩惱和憂愁，也不可能避開辛苦的勞動，勞動和煩惱乃是人類無法逃避的命運之神……那些盡力躲避煩惱的人，煩惱總是找上門來，憂愁也總是光顧他們。

懶惰的人總想做些輕鬆、簡單的事情，但大自然是公平的，這些「輕鬆的」、「簡單的」事情對於懶惰者而言也會變得很困難。

那些一心只為自己著想的人，或遲或早，總會意識到上帝對他總是特別冷酷無情；那些一心只想逃避責任的懦夫，也遲早會受到應得的懲罰，因為這種人總是對高尚的、有利於公眾的事情不感興趣，因此他的私欲、各種卑劣、庸俗的念頭就會在他的大腦中膨脹起來，這種人的心思本來可以用在有益的、健康的事業上，結果卻由於私心雜念過於膨脹，心智、腦力被各種各樣瑣碎、卑鄙，甚至是幻想出來的煩惱和痛苦白白地耗費了。

即使從最低階、最庸俗的意義上來看——即從純粹個人享樂而言，適當從事有益的勞動也是完全有必要的。

一位朋友說：我們睡得相當好，即使當我們被雇用的時候，從事艱苦勞動的時候，也感到很幸福、很快樂。適當的休息、必要的休閒是人人所希望的，但這一份清閒必須是透過自己的努力學習賺來的，透過自己的辛苦工作贏來的才有意義，才能使人享受到勞動之餘的樂趣。也只有這樣活著，我們的生活才會充滿無限的幸福。

既愉快地工作，又愉快地休閒

生命的意義也不能僅以他活了多大歲數這個標準來衡量，那種認為「活得越久，生命的意義越大」的觀念是不正確的。**衡量一個人生命的意義，主要應看他做了什麼，他對自己所做的事情的興趣如何**。他做的事情越有益，他為之付出的精力和代價越大，那麼，他的生活就越充實，也就越有意義。那些一輩子不用心、無所事事、虛度年華的酒囊飯袋，即使年逾百歲，不過如朽木般活著，這樣的人生又有什麼意義呢？

早期的基督教牧師，都以親自參加各種辛苦的體力勞動為榮。

聖保羅（Saint Paul，神學家、傳教士西元B.C.5-A.D.67年）主張：「不勞動者不得食。」他自己一輩子都靠自己的雙手辛勤來養活自己，他為自己這樣活著而感到榮幸，為自己沒有欠下別人的一分錢而驕傲。宗教改革者馬丁．路德更是這樣，他一生做過許多事，園藝、建築、車工工藝和鐘錶製造等。無論做什麼，他都極其勤勉，總是憑自己的勞動去獲取麵包。

固定的工作不僅有益於身體，對於修身養性也十分有益，那些一輩子無所事事、渾渾噩噩的人，總是一天一天地捱日子，他們做一天和尚撞一天鐘，不思進取，不思有為，久而久之，養成懶惰習性，難以自拔。蘊藏在他們身上那些原本可以開發利用的智力資源，就這樣白白地浪費了，許多人就這樣一事無成地過了一輩子。

那些充滿進取精神、蓬勃朝氣的人總是樂觀向上，既愉快地工作，又愉快地休閒，既取得事業上的成功，又得到精神上的滿足。這種既會工作又會休閒的人，往往給人巨大的感染力，他們是一種無形而有力的道德力量，凡是受他們影響的人沒有不被感動的。任何單調乏味的工作也比無所事事要好得多。

十八世紀德國作家席勒（**Friedrich Schiller**）曾經長時間從事日常的、機械性的車間工作，他自己在回憶這段時光時得意地說，這種按部就班的機械性工作使他養成了勤奮、專注、規律生活等良好習性，這些良好習性使他終身受益無盡。

文書工作是一種十分單調乏味的工作，一位曾在東印度公司從事文書工作的朋友說。當他終於從無聊的文書工作中解脫之後，感到有說不出的高興，覺得自己是天底下最幸福的人。「我再也不回到那個牢籠了，十餘年時間的無聊工作賺了這一萬多英鎊，太不值得了。」過了兩年，這位朋友享受了清閒，但心情卻發生了根本的變化。他現在才發現那些單調乏味的公務工作——「由別人指定的一連串重複性工作」——原來一直很適合他，但他卻一直沒體認到。以前「時間」是他的朋友，而今卻成了敵人。他又說：「我真的相信，沒有工作比過度勞累更慘，人一旦沒有工作，心就會折磨自己——這是一種最不利於健康的食物。我幾乎對什麼東西都失去興趣……天堂的雨水也從來不會傾瀉在那些無所事事者的頭上。我唯一能做的，也是我做得太多的，就是周而復始地散步。我真是一個謀害時間的罪惡殺手，神的啟示也與我無緣了。」

只有受過嚴格紀律訓練的人，才能真正享受到生活中的幸福

一個人所喜愛的座右銘往往能反映出這個人的性格、愛好。

蘇格蘭歷史學家羅伯遜（Robertson）最鍾愛的格言是「沒有知識就沒有生活」，伏爾泰（Voltaire）的人生格言是「生活就是工作」，自然學家拉西比德（Lacepede）最喜愛的格言是「生活就是觀察」；波舒哀（Jacques-Bénigue Bossuet，法國主教、神學家）在讀大學的時候，十分勤奮，同學都拿他的名字開玩笑，稱他為「一頭總是在耕地的公牛」。瑞典詩人斯傑伯格（Sjoberg）曾採用Vita-tis（人生就是一場戰

鬥）這個名字，從他所採用的筆名可以看出他們非凡的抱負。

勞動是一種能力的訓練，是一種嚴格紀律的訓練，勞動是人類的老師。即使勞動有時看來並未產生什麼結果，但它能活躍人的思維，增強人的組織紀律性，人在工作中能養成互相合作的習慣。由於人在勞動中增強了技能，養成合作的習慣，增強了紀律觀念，這會為以後的成功奠定基礎。

在日常勞動中，人能逐漸掌握各種方法，迫使他去注意節約時間、講求效率，迫使他反覆思考，迫使他思路清晰、注意條理等。總之，人只有在勞動中才能鍛練，提升自己。由於平常有了鍛練，到了關鍵時刻，就能應付自如，平常訓練出來的各種能力都能派上用場，由於平常總習慣性地堅持勞動，空閒時間來了，就能以更高的熱情去享受這份清閒，享受這份快樂。

有效的工作方法，都是人們透過與其他人積極、和諧的不斷接觸中，慢慢體會出來的。小事情裡有大文章。只要人們善於觀察、體會，哪怕是經營、管理一個小家庭，也能從中發現或找到治理國家的大道理。

那些有能耐的家庭主婦都是工作效率很高的人，她必須善於掌握和管理家中的各種問題，必須精打細算、量入為出；必須有計畫、有目的地籌劃好家中的大小活動；必須善於處理那些歸她管理的意外問題。

高效率的家庭管理意味著勤奮、專注、方法、自律、紀律性、深謀遠慮、謹慎小心、實際才能、應用才能、洞察人心、組織才能——這些才能是從事其他任何管理工作所必須具備的基本能力。

只有受過嚴格紀律訓練的人，才能真正享受到生活中的幸福。一個人的智慧和才華都只能從社會生活中來；只有經過社會生活的種種嚴格考驗，才能形成良好的品格，而優秀的品格又必然增長一個人的才智。離開了現實社會生活，離開了各種嚴格的訓練，而埋頭冥思苦想，都不可能增長一個人的才能，也不可能養成寬容的品格。任何良好的修養都只有經過仔細地觀察和不斷地實踐才能獲得。要想成為一位好鐵匠，你就必須一輩子去打鐵；同樣地，要成為一個優秀的管理者，就必須長時間去研究日常事務。

那些偉大的統帥、將軍都是十分謹慎、小心的人，他們往往對各種小事情都要周密地加以考慮，從不疏忽。當英國威靈頓將軍在西班牙擔任聯軍總指揮時，他對士兵們應如何烹調都作了精確的批示，在印度作戰的時候，他具體規定了小公牛每天必須趕多少路，各種裝備都要事先準備好。正由於他精於籌劃、大小事情都一抓到底，因此他的部隊作風夠硬、作戰勇敢。士兵們對他既敬畏、佩服又忠誠、友好。

許多偉大人物都具有非常的膽識和超人的才智。當拿破崙麾下的健將朱諾（Junot）他所率領的法國軍隊已經來到門迪戈河岸時，威靈頓卻隻身來到駐紮在該河河口的自己軍隊中，擬就有關作戰計畫。凱撒是最偉大的軍事家之一，據說當他率領部隊橫過阿爾卑斯山時，寫就了一篇關於拉丁修辭學的論文。

美國的華盛頓也是一個十分細心的人。早在孩提時代，他就特別注意培養好學的習慣，注意工作的方法，注重培養自己的能力。他手抄的許多書本今天仍被完好地保存著。從中可以看出，早在十三歲的時候，他就自覺地抄出了許多帳單的複本，各種收據、筆記、文據、契據、租約和土地授權書等等，他都認認真真地抄寫，以加深印象，早年養成的這種事事關心的習慣，尤其是這種嚴肅認真的習慣，為他以後處理複雜的軍國大事奠定了基礎。

一個偉大的藝術家要成就一件傳世之作，不知道要吃多少苦頭，要經過多少年的磨練；一個作家要成就一部優秀的作品，不經過幾番痛苦的思考是寫不出來的；一支部隊要贏得一場戰役，必須作出巨大的犧牲。這些畫家、作家和戰士都是靠自己的心血和汗水鑄就成榮譽的桂冠。與他們相比，那些善於處理、管理各種事務的能人，一點也不遜色，這些著名的管理家、行政人員也同樣面對許多艱難。看起來，他們似乎沒有流血流汗，他們的事業平淡無奇，其實，他們並不比那些畫家、作家和戰士少付出心血，只不過那是無形的而已。

不願意做小事的人，必定也做不了大事

那些真正偉大的人物，無一例外都是極為勤勞的人，他們從來不蔑視日常生活中的各種小事情。即使常人認為很卑賤的事情，他們也都滿腔熱情地去做，不僅比平常的人更認真地對待這些瑣事，而且真心誠意地去做好這些事情，當然也正是在處理這些瑣碎小事中，他們增長了自己的才幹。**任何偉大的品格、超人的才能不是憑空產生的，而是平常點滴積累的結果。那些不願意做小事的人必定也做不了大事。**

無論在什麼時候，人都能在工作中找到樂趣，在工作中找到幸福。這是一條亙古不變的原則。

良好的工作習慣、嚴肅的工作態度、優良的品德和教養是一個人勝任工作的基本條件。無論你做什麼工作，這些基本條件都會發揮好的作用，只有那些既熱愛工作又善於工作的人才能真正找到工作的樂趣。無論你是從事行政管理工作、文學創作、科學研究還是藝術創作，都必須具備起碼的紀律觀念。許多偉大的文學作品都是由一些受過系統訓練的人寫出來。時間觀念也很重要，無論做什麼工作，都要講求效率、注意節約時間。許多人之所以能出類拔萃，就是因為他們善於利用時間。

早期的許多英國作家都是實務家，他們原來所受的訓練都與文學無關。當時也不存在文學家這個階層，當然那些專職的神職人員如牧師、祭司、佈道者例外。英國詩歌之父喬叟（Geoffrey Chaucer）早年是軍人，後來在一個小海關當海關審計員，這個工作可不是個閒職，他得用手仔細記下往來帳目，而且千萬不能出錯。只有當他在海關公署把這些帳目都整理完畢之後，才能高興地回到自己的小房子裡，也只有在這個時候，他才能看自己喜愛的書，才能自由自在地思考自己的問題，只有頭昏眼花、眼前已經一片模糊了，喬叟才上床休息。

同樣地，那些受過嚴格科學訓練的人，往往也能做出輝煌的事業，他們之中的許多人也是一流的實業家。這種嚴格的科學訓練，包括勤奮的習慣、遵守紀律的習慣、善於思考的習慣等等，都是一個成功的實業家所必備的素質。受過嚴格科學訓練的人往往善於審時度勢，因時、因地、因人而變，因此他們往往能耳聽四面、眼觀八方，凡事能先發制人，奪得先機。受過嚴格訓練的年輕人往往十分勤奮、專心、善於接受新知識，他們注重運用正確的方法，因此，比沒有受過專門訓練的人更為敏捷、更有智謀、更具膽識。蒙田（Montaigne, 1533-1592，法國文藝復興時期最有影響力的哲學家）曾指出，那些真正的哲人、聖者「如果他在探求真理方面很偉大的話，他們在行動上也一定很偉大……無論舉出什麼樣的證據和例子，我們都可以看出，他們的精神是那樣崇高，他們的心靈是那樣充實，他們的靈魂是那樣高潔，他們就像是知識的海洋……這些聖者、智者高高地在太空中遨遊，他們的身心都似乎在遙不可及的另一個世界。」

同時，我們一定要認識到，死死地固守書本，整天苦思冥想，日積月累，會形成了空想的習慣，這樣的人在現實生活中反而會十分被動；因為他不能適應生活，沒有生活能力。善於思考、會做學問是一回事；會生活、會處理實際生活問題又是一回事。那種認為會讀書、有知識就自然會生活、駕馭世事，這樣的觀點是錯誤的。許多人靜坐書房，洋洋萬言信手拈來，但提出來的觀點在現實生活中根本就行不通。書本與生活是有距離的，把兩者有機地結合起來的人，才是有用之人。

思想家們往往遇事都深思熟慮，而實踐家遇事總是先試、先做。這兩種人在實際生活中表現出來的風格迥然不同：善於思考的人總是顯得優柔寡斷、疑而不斷，因為他們習慣考慮事情的各方面、仔細權衡利弊得失、思考問題的前因後果；而那些實踐家根本不會這樣思考，他們不會去從事什麼邏輯推理，一旦得出確定結論之後，立刻就付諸實施，因此他們總顯得雷厲風行。

總之，適量的工作和勞動是有益身心的。人作為一種具有高級智能的動物，也是由各種身體器官有機結合而成的，因此，各個器官之間的協調運作無疑會促進身心健康。適量的工作有助於這種協調運動，運動是物質存在的一種基本形式，而勞動是人這種高級智能動物存在的一種基本形式。無論什麼人，適量的勞動非但於身體無害反而有益。但是過量的工作和勞動又會有害於人的身心健康，因為過度勞動打破了機體內在平衡，在一定時間內過度支出體力和精力，自然不利健康。

一般而言工作是益於身心健康的，但由於工作本身性質、條件的不同，它們對於人的身體和精神也會有不同的影響，那些單調乏味、不能給人希望的工作自然於身心也是有害的，只有那些積極的、向上的、給人希望和使人振奮的工作，才能像春風化雨、潤物無聲一樣，有益於人的身心健康。這種給人希望的工作，自然會帶來幸福，一個人幸福與否，在一定程度上端看他能否擁有這樣的工作，有人稱這種工作是打開幸福大門的鑰匙。適量的腦力勞動並不比其他勞動更容易使人疲倦，或者說具有更大的損耗性，正如適量的體力勞動有益於人的身心健康，適量的腦力勞動也十分有益於人的身心健康。要注意的是：任何人都要根據自己的身體狀況、承受程度來工作、勞動。

過度勞累也是一種急功近利的作法。從長遠來看，過度勞累弊大於利。憂愁、煩惱是一種腐蝕劑，一旦過度勞累與憂愁煩惱結合起來，威力之大足以摧毀任何強壯的身體。沒有沙粒的磨擦作用，汽車無法前進，但如果沙粒的磨擦作用加劇到一定程度，輪胎就會磨破，接著就會爆炸。過度勞累只會加快生命的終結。

9

聖賢之士可以百世為師

Companionship and Example

善行總會產生無數的善行

我們可以透過一個人所交往的朋友來了解他。

飲食有節制的人自然不會和酒鬼混在一起，舉止優雅的人不會和粗魯野蠻的人交往，而潔身自好的人不會和荒淫放蕩的人做朋友。和墮落的人交往，表示自身品位極低，會把社會的品格導向墮落。

如果年輕人受到良好的影響和睿智的指導，小心謹慎地運用自己的自由意志，就會在社會中尋找那些比自己強的人作榜樣，努力地去模仿他們。

與優秀的人交往，就會從中吸取營養，使自己得到長足的發展；相反地，如果與惡人為伴，自己必定遭殃。與品格高尚的人生活在一起，你會感到自己也在其中昇華，自己的心靈也被他們照亮。有一句西班牙諺語：「和豺狼生活在一起，你就學會嗥叫。」即使是和普通的、自私的個人交往，也會讓人感到生活單調、乏味，形成保守、自私的精神風貌，多少不利於勇敢剛毅、心襟開闊的品格形成。很快就會心地狹隘、目光淺薄、原則喪失，遇事優柔寡斷、安於現狀、不思進取。這種精神狀況對於想有所作為或真正優秀的人來說是致命的。

相反地，與那些比自己聰明、優秀和經驗豐富的人交往，或多或少會受到感染和鼓舞，增加生活閱歷。我們可以根據他們的生活狀況改進自己的生活狀況，成為他們智慧的伴侶。我們可以透過他們開闊的視野，從他們的經歷中受益，不僅從他們的成功中學到經驗，還可以從他們的教訓中得到啟發。如果他們比自己強大，我們可以從中得到力量。因此，與那些聰明而精力充沛的人交往，總會對品格的形成產生有益的影響——增長自己的才幹，提高分析和解決問題的能力，改進自己的目標，在日常事務中更加敏捷和老練，而且，與此同時，也許對別人更有幫助。

品格會在生活中的各方面產生影響。一個具有優秀品格的人，會在工作場所中給同伴們定下生活的格調，提高他們對生活的熱情。因此，當富蘭克林（**Franklin**）在倫敦的工廠當工人時，他改變了整個工廠的行為方式。同樣地，一個品德敗壞和墮落的人也會不知不覺地降低和敗壞同伴們的品格。一個善良可信的人抵得上一百個虛偽而不講信用的人，抵得上一千個沒有品格的人。

與優秀的人交往會使自己也變得優秀。優秀的品格透過優秀者的影響四處擴散。「我本是一塊普通的土地，只是我這裡種植了玫瑰。」

有其父必有其子，品格優秀的人必然造就品格優秀的人。**善行**

善行總會產生無數的善行。
善行從來不是獨一無二的，
惡行也是如此。

總是產生無數的善行。善行從來不是獨一無二的，惡行也是如此，它會創造出另外的惡行——循環往復，生生不已。這就像一塊石頭投入水中，會產生波紋，而這些波紋又會產生更大的波紋，如此連綿不斷，直至最後一道波紋抵達堤岸。

我猜想，世界上目前存在的一切美德也都是這樣從遙遠的過去流傳下來的，而這些美德的中心往往是不為人知的。罪惡必定產生罪惡，勇敢和正直塑造出勇敢和正直。

告訴我你崇拜誰，我就能判斷你是個什麼樣的人

一個人品格的力量，往往會激發別人品格的力量。

一個充滿熱情、精力充沛的人會不知不覺帶動周圍的人。這種榜樣是極具感染力的，它會令人仿效。它會產生一種活力，透過每一根神經來傳導，最後使它們釋放出火花。

偉大的精神總是在輻射出影響，它不僅產生力量，而且能夠交流甚至創造力量。

那些帶動其他人的偉大而又善良的人們，理所當然地會贏得世人的崇敬。這種對高尚品格的崇敬往往會使自己的精神得到昇華，

使靈魂從自我的奴役中得到拯救，因為自我奴役是道德進步的最大羈絆。這一群人透過自己偉大的思想或事蹟而著稱於世，也為時代營造了一個較良好的道德氛圍，使我們的目標得到昇華。

告訴我你崇拜誰，我就能判斷你是個什麼樣的人，至少可以了解你的潛能、志趣和品格。

你崇拜卑鄙的人嗎？——那麼，你自己也是個卑鄙的人。

你崇拜有錢的人嗎？——那麼，你是個世故、粗俗的人。

你崇拜頭銜嗎？——那麼，你是個逢迎諂媚、阿諛奉承的人。

你崇拜誠實、勇敢和剛毅的人嗎？——那麼你也是個誠實、勇敢和剛毅的人。

在青少年時期，品格正處於形成階段，崇拜的熱情也最高。隨著年歲的增長，這種崇拜具體化為習慣。當人的性格處於可塑階段並容易接受影響時，最好是鼓勵他們去崇拜偉大的品格，因為青少年需要各種英雄，但是他們也很可能把一個罪大惡極的人當作崇拜的偶像。

大多數心胸開闊的年輕人都崇拜英雄，特別是那些喜歡讀書的人。

英國畫家海頓（Haydon, 1786-1846）在回故鄉時，因為見到了雷諾茲（Joshua Reynolds，十八世紀英國肖像畫家）而非常自豪；詩人羅傑斯（Rogers）過去常常談起他童年時的熱切期望，就是想見見約翰遜博士（Samuel Johnson，十八世紀英國重要學者，編撰《約翰遜辭典》聞名於世），但是，當他的手放在約翰遜在博爾特庭院（Bolt Court）的住宅大門上時，他沒有勇氣敲門，轉身走了。當伊沙克．迪士雷利（Isaac Disraeli，英國作家、學者、文學家）還是個少年時，也為了同樣的目的到了博爾特，儘管他有勇氣敲開大門，但是，讓他吃驚的是，開門的僕人告訴他，幾個小時前這位偉大的辭典編纂者嚥下了最後一口氣。

與此相反，心胸狹窄的人往往不會心悅誠服地崇拜別人。很不幸的是他們認識不到，當然更談不上尊崇偉大的人物和偉大的事業。

卑鄙小人只崇拜卑鄙的東西。馬屁精關於美的最高看法就是逢迎諂媚。一個默默無聞的勢利小人關於人的最高理想，就是做一個人所共知的附庸風雅之徒。

奴隸販子總是根據肌肉是否發達來評判一個人的價值。一位幾內亞商人在面對教宗和另一位勳爵時說：「我不知道你們有多偉大，但我不喜歡你們的相貌。我經常販賣的那些人比你們兩個都強，根據你們兩人的骨骼和肌肉，至多只值十個畿尼（舊時英國金幣，合二十一先令）。」

狹隘卑鄙的心靈總是充滿著鄙夷、挑剔和吹毛求疵，除了對厚顏無恥和極端邪惡的事情外，他們總是喜歡對任何事情冷嘲熱諷。這樣的人最大的慰藉就是人格的缺陷。如果聰明的人不犯錯，就會使愚蠢的人感到如坐針氈般難受。儘管聰明的人可以透過避免錯誤來認識愚蠢的人，但是，愚蠢的人卻很少能夠從聰明人的表率作用中有所收穫。

一個德國作家曾經說過，僅僅致力於去發現一個偉人或一個偉大時代的瑕疵，是一種極為可悲的性格。

偉人的傳記告訴我們，可以做一個怎樣的人和人能夠做什麼

音樂家海頓曾經發現，很多人都喜愛和尊敬自己，但那些音樂教授們卻是例外，而且最傑出的音樂家彼此之間也都互不欣賞。海頓似乎完全擺脫了那種狹小器量的束縛。他對聲名顯赫的波波拉（Nicola Porpora，義大利作曲家、劇作家）極度崇拜，為了接近他，甚至去當僕人。每天早上，他仔細為這位大師刷去大衣上的灰塵，為他擦皮鞋，為他梳理蓬亂的頭髮。剛開始，波波拉對他動輒發怒，但很快就發現這位僕人的天才。在他的指導下，海頓最終躋身於傑

出的作曲家行列。

海頓也非常崇拜韓德爾（Handel）。「他是我們的老師。」有一次他說。繼韓德爾之後，斯卡拉第（Scarlatti，義大利音樂家、作曲家）蜚聲義大利，他的名字成了崇高的象徵。莫札特對這位偉大的作曲家也十分推崇。他說：「韓德爾就像一道耀眼的閃電，掠過斯卡拉第。」貝多芬把韓德爾擁戴為「音樂王國的君主。」貝多芬臨終前，一位朋友送來韓德爾的作品，共有四十卷。這些作品被放進臥室，他用恢復了活力的雙眼盯著這堆書，手指著它們說：「這——這就是真理！」

海頓不僅崇拜已經過世的天才人物，也很推崇與他同時代的年輕人，如莫札特和貝多芬。**卑鄙小人會嫉妒自己的同行，真正偉大的人則善於發現別人，而且互相珍愛。**關於莫札特，海頓寫道：「我唯一的心願就是想在音樂界的朋友中，特別是在偉人中，得到像莫札特這種程度的人的音樂認同，莫札特那舉世無雙的作品讓人欣賞和感激。人們都應在各自的領域中互相競爭，力爭上游。布拉格不僅應當保留這種珍貴的人才，而且應當給予優厚的報酬。因為不這樣，一個偉大天才的一生實在太可悲了……一想到舉世無雙的莫札特還沒有被某些特級的樂隊或皇宮聘用，我就滿腔怒火。請原諒我的激動，我實在太喜愛這個人了！」

在對海頓的優點認同方面，莫札特同樣是寬厚仁慈的。在談到海頓時，莫札特曾對一個批評家說：「先生，即使我們兩人融為一體，份量也抵不上一個海頓。」而當莫札特第一次聽貝多芬演奏時，他說：「聽這個年輕人演奏，我可以保證他將成為一個世界偉人。」

巴芬（**Georges Louis Leclerc Buffon, 1707-1788**，法國自然、數學、宇宙學家，也譯「布芬」，曾譯牛頓微積分等著作）認為牛頓是最偉大的哲學家，他非常崇拜牛頓，常常在工作室懸掛他的肖像。席勒（**Friedrich Schiller**，德國十八世紀詩人、哲學家、歷史學家。啟蒙文學代表人物之一。）

也同樣推崇莎士比亞，他懷著極度的崇敬和熱情研究了多年，對莎士比亞有了直接的了解。

偉人的傳記告訴我們可以做一個怎樣的人和人能夠做什麼。因此，它或許會增添一個人的力量和自信心。即使是最低賤的人，在看得見偉人的地方，也可以崇拜，可以期望，並獲得勇氣。這些和我們同樣血統的偉大同胞們，他們永垂不朽，在墳墓中和我們對話，指引我們踏著他們的足跡前進。他們的榜樣與我們同在，引領著我們。因為高尚的品格是永遠的遺產，代代相傳，並不斷產生高尚的品格。

聖賢之士可以百世為師，懂得聖賢們的行止，愚蠢的人也會變得聰明，優柔寡斷的人會變得剛毅果斷。

聖人的金玉良言，為世人所作出的表率，會超越時空流傳下去，它們會融入後代人的思想和心靈，指引和撫慰後人。

10

偉大的愛情造就偉大的人生

Companionship in Marriage

家是滋生慈愛之情的溫床

人們一直認為，無論是男人還是女人，如果他們沒有透過自己的仁愛之心而與世界聯結起來，他們的生活就不能說是完美的。不知道什麼是愛的女人，不能說是真正意義上的女人，同樣地，不知道什麼是愛的男人也不是真正意義上的男人。

只有在家庭生活中，一個人內在的性格、品德才會更真實、更直接地顯露出來。一個人真正承受普通生活考驗的能力，也只有透過家庭生活才能真正展現出來。

許多人善於處理大的公共事務或生意場上的事，但在這種社會生活中，他往往壓抑著自己的內心衝突，而屈從於現實生活中的壓力。而在家庭生活中，由於失去這種來自社會的壓力，他往往為一些日常生活所苦惱，反而在日常家庭生活中日益被動。他的全部精力和心思也許都放在生意上面。但他如果要尋回真正的幸福，全部心思就必須回到家庭生活中來。

只有在家中，他的真正品德、品行才能不加掩飾地顯露出來——他的誠實、坦率，他心中的愛，他的同情之心，他的體恤之心，他的正直，他的男子氣概——總之，他的全部品德，才能盡情展現出來，就像山間一股清泉，涓涓向前流去一樣。

如果一個家庭缺乏慈愛之情，一切都寒冷如冰，那麼，這個家就一定是專制的，沒有樂趣的。同樣地，如果沒有正義，也就不會有真正的愛，不會有真正的信任，也不會有互相尊重。也只有在愛意融融、充滿信任和尊重的家庭中，才會有享受不盡的快樂和幸福。

家是滋生溫和慈愛之情的溫床。婦女是家這個王國的天然主人，女人的慈愛、善良、溫柔、婉約是家的靈魂。沒有任何東西比女性的柔情婉語更能平靜一個人心中的煩惱，去除人心中的苦悶，使人重新燃起新的希望。

有一個情操高尚、寬宏大量的妻子，就沒有擺脫不掉的苦悶和煩惱，家中有了這樣的妻子，丈夫就會時時感受到輕鬆、舒適、幸福，他才會知道什麼叫身心俱爽，也才能知道什麼是愛。這樣的妻子也是丈夫最可信賴的顧問、參謀。當他冥思苦想、不得其解時，妻子的直覺往往能使他猛然醒悟。

誠實、可靠的妻子往往是丈夫的精神支柱，在人生的驚濤駭浪之中，在一次又一次的風風雨雨中，只有她——忠實可靠的妻子——才是他唯一可靠的依恃者、安慰者、同行者。

每當大難來臨、風雲突變的時候，只有她的目光仍是那樣溫良、平和，只有她的心才跟自己的心一起跳動。也正是她才能在腥

所有的愛在一定程度上都會產生智慧。詩人勃朗寧（Browning）說：「最富有天才的人永遠是最誠實的戀人。」

風惡雨中給他以家的溫暖、心的慰藉，並給他以新的希望。

人生就如在大海上航行的一艘小帆船，天有不測風雲，大海隨時都可能掀起驚濤駭浪；人有旦夕禍福，人生隨時有可能遇上不測風雲，這個時候，忠誠可靠的妻子總能以不盡的溫情，慰藉這隨時有可能被捲到大海中去的丈夫。

年輕的時候，她是與你結伴而行的窈窕少女；中年的時候，她是與你共度風雨的人生伴侶；當夕陽西下、殘陽將息的時候，她那溫暖的目光是陪伴你遠去的精靈。

馬丁．路德每當談到妻子時，都說：「我寧可與自己的妻子安於貧苦，而不願失掉妻子去換取凱撒的富貴與榮華。」談及婚姻，他說：「上帝賜給男人的最大幸福是讓他擁有善良的妻子，與這樣的妻子生活在一起，才會享受到真正心的寧靜、平和，你對她可以推心置腹，無話不談，你可以把自己的生命都託付給她。」路德接著說：「及時成家立業，不會錯。」

一句溫和的話語勝過十句惡言惡語

在婚姻生活中，「忍耐、克制、寬容」是一條金科玉律。婚姻雖然只涉及到兩個人，但兩個人如果誰都睚眦必報、斤斤計較，乃至動輒惡語傷人、動手動腳，這樣的婚姻總會蒙上重重陰影；夫妻之間互敬互諒，彼此尊重，都能寬容大度、忍耐、克制，兩個人的心才會越貼越緊，生活中才會有寧靜、和諧與歡笑。正如任何一個和諧的政府，都是各種互相對立的社會力量互相妥協的產物，美滿婚姻也是男女雙方相互妥協的產物，尤其是男人在家庭中要善於寬容、原諒妻子，萬萬不可逞強。只要男女雙方都講求一個「讓」

字，都善於克制、容忍，那麼任何衝突都能心平氣和地解決。

一個人不可能無視或不在乎對方的缺點、弱點，對待對方的缺點首先就要寬容它，真正地寬容它。金無足赤，人無完人，世上沒有無缺點和過失的妻子或丈夫，求全責備，不能容人，只能是心胸狹隘、目光短淺的表現。

在家庭生活中，好的脾氣是最經得起考驗和最具有力量的品質。

溫和的脾氣加上自我克制，就會產生耐心，有了耐心，才會真正去容忍別人、克制自己，才會靜靜地聽對方訴說，而不會惡語相譏、唇槍舌劍；只有耐心，才能平息心頭的無名怒火，無數災難性的惡果才可能避免。所謂，「良言一句三冬暖，惡語傷人六月寒。」這對於家庭生活中的夫妻雙方來說，也真是金玉良言呀！

一句溫和的話語勝過十句惡言惡語。

擇偶要有遠見

妻子對於丈夫的道德品質有十分重大的影響。道德敗壞、心胸狹窄、貪圖享受和自私自利的女人往往會使自己的丈夫目光短淺、自甘墮落；而品德高尚、心地善良的妻子也會使丈夫目光遠大、品德高潔。

許多男人之所以變得冷酷無情，麻木不仁，一輩子渾渾噩噩、一事無成，在一定程度上，就是因為娶了一個道德敗壞、自私自利而又蠻橫的妻子。

賢淑的妻子總是用慈愛之心去撫慰勞累的丈夫，讓他在家中養精蓄銳，身心都得到休息，並漸漸加強他的道德修養、激化他的進取之心、增強他的知識和才幹。不僅如此，那些心地正直、聰穎過人的妻子總是支持丈夫的正義追求，鼓勵丈夫為高尚的事業獻身；與此相反，那些只圖自己享受、沒有道德感的妻子總是有意無意地促使丈夫墮落，自我毀滅。

這一真理給法國政治學家、歷史學家托克維爾（Tocqueville）留下極為深刻的印象。他認為，**脾氣溫和、道德高尚的妻子是男人一生中最重要的精神支柱**。他說在他一生當中，曾耳聞目睹了許多身體虛弱、意志力薄弱的男人顯示出驚人的公共道德，之所以如此，是因為在這些男人身邊有一位品德高尚、通情達理的妻子，她們為丈夫增添了無限的勇氣，鼓勵丈夫從事公益事業，這些妻子們強烈的社會責任感與敬業精神給丈夫巨大的精神支持。同樣地，托克維爾也看到許多原本豪爽、高潔、寬容大量的男子因為找了一個心胸狹隘、自私自利和道德敗壞的妻子，而變成名副其實的庸俗之徒。

天上掉下一根金線

真正的夫妻恩愛之情總是如青山常在，綠水長流，它不會隨著歲月的逝去而煙消雲散。

自古以來，那些忠貞不二、相濡以沫的妻子總是令丈夫深深懷念，世人也為他們忠誠、美好的愛情而深深地感動。英國散文作家和歷史學家卡萊爾的妻子葬在位於哈丁頓（Haddington）的教堂墓地裡。在卡萊爾夫人墓碑上刻有這樣一段文字：「她生性溫柔平和，親切可愛，具有敏銳的洞察力。這些優點確實很難在常人身上見到。她一生經歷了無數的煩惱和憂患，然而她過得十分幸福。她一直是丈夫忠誠而可愛的伴侶和助手，四十年來，她總是用自己的言語和行動來促使丈夫不斷追求、不斷進步，在這一點上，她從不曾懈怠過，也從不曾厭倦過。沒有任何一個人像她這樣時時刻刻促我前進，勉我進步。」卡萊爾先生在銘刻這些文字時仍然活著。

英國物理學家、化學家法拉第的婚姻生活也十分美滿幸福。妻子與他恩恩愛愛幾十年，夫妻倆總是互相關心、愛護。她一直全心地愛自己的丈夫，支持他的事業，正因為有這樣一位溫柔、善良、體貼和有犧牲精神的妻子，法拉第得以時時「感到心神愉快」，並全力投入科學研究之中。法拉第對妻子懷著難以言喻的感激之情，他在日記中寫道：「她是我的幸福和快樂之源，是我能在事業上有所成就的根本保證。」

在一起度過了二十八年的風風雨雨之後，法拉第由衷地寫道：「她給我帶來了無窮的幸福和歡樂，她使我享受到塵世的幸福……我們的婚姻一點也沒有變化，除了我們情感的深度和廣度有些變化

我們的婚姻一點也沒有變化，除了我們情感的深度和廣度有些變化之外。」

四十六載春夏秋冬過去，他們的夫妻生活仍一如往昔真正心心相印：

天上掉下一根金線，
金線纏住了兩個年輕而火熱的心，
兩顆心緊緊地編成了一個結。
從此以後，金線不斷
這個結就永遠不會解開。

避開大路，
把自己移植到某個與世隔絕的地方，
因為種在路旁的樹，
保不住尚未成熟的果實。

生活之道（**普及版**） 定價◎200元

我不擁有我不需要的東西。
我所要的東西都以其是否實用為準，
而不管其式樣，或現在是否流行。
我儘量使物品用得久些......

簡樸 定價◎250元

一條簡單的道路
定價◎210元

花時間思考
花時間禱告
花時間笑

那是力量的源頭
那是世界最強大的力量
那是靈魂的音樂

花時間遊戲
花時間去愛和被愛
花時間給予

那是青春長駐的秘訣
那是天主賦予的特恩
一日光陰苦短何容自私為己

花時間閱讀
花時間和善對人
花時間工作

那是智慧的泉源
那是通往快樂之路
那是成功的代價

花時間去行善
那是天國之鑰

國家圖書館出版品預行編目資料

品格的力量（精華版）／Samuel Smiles 著；劉曙光、宋景堂、劉志明譯. 初版.－臺北縣新店市：立緒文化，2009（民 98）
面；　公分（世界公民叢書；47）

譯自：Character
ISBN 978-986-6513-19-0（平裝）
1.人格心理學 2.品格

173.7　　　　95010977

品格的力量（精華版）Character

出版——立緒文化事業有限公司（於中華民國84年元月由郝碧蓮、鍾惠民創辦）
作者——Samuel Smiles
編選者——立緒文化編輯部
譯者——劉曙光、宋景堂、劉志明

發行人——郝碧蓮
顧問——鍾惠民

地址——台北縣新店市中央六街 62 號 1 樓
電話——(02)22192173
傳真——(02)22194998
E-Mail Address: service@ncp.com.tw
網址：http://www.ncp.com.tw
劃撥帳號——1839142-0 號　立緒文化事業有限公司帳戶
行政院新聞局局版臺業字第 6426 號

行銷代理——紅螞蟻圖書有限公司
電話——(02)27953656　傳真——(02)27954100
地址——台北市內湖區舊宗路二段 121 巷 28-32 號 4 樓
排版——郁彰設計印刷有限公司
印刷——祥新印刷股份有限公司

法律顧問——敦旭法律事務所吳展旭律師

分類號碼——173.00.001
ISBN 978-986-6513-19-0
出版日期——中華民國 98 年 11 月初版　一刷(1～3,500)
　　　　　中華民國 98 年 12 月二版　一刷(1～3,050)
　　　　　中華民國 99 年 12 月二版　二刷(3,051～4,050)

本書由中國大陸北京圖書館出版社授權
立緒文化事業有限公司得以繁體字在台灣出版發行

定價◉190 元